Charlotte Yde

Patchwork Design

Faszinierende Formen und Farben

Verlag Th. Schäfer, Hannover

Umschlagfoto und übrige Fotos: Dennis Rosenfeldt
Layout: Y.design
Zeichnungen: Verfasserin
Verlagsredaktion: Kirsten Corvinius

Übersetzung: Agnete Staubwasser
Lektorat: Joachim F. Baumhauer
Gestaltung: Werner Geißelbrecht
Satz: topLetter, Seelze
Druck und Bindung: Sangill Grafisk Produktion

ISBN 3-88746-392-7
Best.-Nr. 9306

Umschlagabbildung:
Spieldecke für ein Neonbaby, Seite 59

Inhaltsverzeichnis

Mein Dank gilt

Susanne Jacobi, die die Decken auf Seite 28, 61, 71 und 75 genäht und gequiltet hat.

Pfaff Danmark, Kopenhagen

Quilter's Paradies, Kopenhagen

Die Quiltgalerie, Hillerød

Vorwort

Dieses Buch ist in erster Linie als Quelle für Inspirationen gedacht. Es möchte all denen Anregungen geben, die Lust haben, mit Mustern für Patchworkdecken zu spielen. Das Buch beschreibt Kompositionsgrundsätze und Methoden für den Entwurf eigener neuer Muster, aber es soll auch den Blick der Patchwork-Künstlerin schärfen, um neue Möglichkeiten in altbekannten Mustern zu entdecken. Sie müssen nicht unbedingt auf einem leeren Blatt Papier ganz von vorn anfangen: Bereits vorhandene Muster lassen sich hervorragend als Grundgerüst für neue Formen verwenden! Ganz nebenbei – es ist schwer, bei der riesigen Zahl der vorhandenen Muster etwas ganz Neues oder Originelles zu schaffen. Die Menschen haben schon immer Muster geschaffen, und wirklich Neues gibt es so gut wie gar nicht. Es scheint so, als seien die gleichen Muster rund um den Erdball zum gleichen Zeitpunkt entstanden. Das sollte uns aber nicht daran hindern, selbst mit Mustern zu experimentieren. Auch wenn Sie feststellen, daß das Ergebnis, zu dem Sie gekommen sind, schon existiert, sollte dies nicht die Freude schmälern, die Sie bei Ihrer Arbeit mit Formen und Farben hatten. Und Sie werden sehen, mit der Zeit kommen Sie Ihrer eigenen Ausdrucksform immer näher!

Das Buch ist in Abschnitte über verschiedene Mustertypen unterteilt. Es gibt sehr viele Möglichkeiten, mit vorhandenen Mustern zu spielen oder neue Muster zu entwerfen. Ich werde Ihnen hierzu unterschiedliche Methoden vorführen, ohne daß ich den Anspruch erhebe, mit diesem Buch alle Möglichkeiten erschöpft zu haben. In erster Linie zeige ich Ihnen, wie Sie Gebrauchsdecken arbeiten können: Bettdecken, Schlummerdecken und Babyquilts, nur ganz wenige sind als Wandbehang gedacht. Dabei habe ich es vorgezogen, mich auf abstrakte und vorwiegend einfache, sich wiederholende Muster zu konzentrieren. Ich bin der Meinung, daß diese sehr gut mit unserem skandinavischen Möbel- und Einrichtungsstil harmonieren.

Wenn Sie anfangen, mit dem Buch zu arbeiten, sollten Sie immer daran denken, daß die gezeigten Beispiele vor allem als Anregung gedacht sind. Lassen Sie sich durch die Anleitungen nicht daran hindern, die gezeigten Decken oder ihre Muster abzuändern. Nicht alle Decken sind in voller Bettdeckengröße ausgenäht, aber die meisten können vergrößert oder mit mehr Blöcken gearbeitet werden, bis sie Bettdeckengröße bekommen. Ich würde mich freuen, wenn Sie durch dieses Buch angeregt werden, selbständig weiterzuarbeiten. Es gibt unerschöpfliche Möglichkeiten, und jede von uns Patchworkerinnen hat eine ganz eigene Sichtweise und wird auf völlig andere Ideen kommen.

Da das Buch zu allererst davon handelt, wie man mit Mustern arbeitet, ist weniger Gewicht auf die Beschreibung der Nähtechniken gelegt. Ich habe alle gezeigten Decken mit der Maschine genäht und viele davon auch mit der Maschine gequiltet, weil das meinem Temperament entspricht. Die meisten Decken können aber auch mit der Hand genäht werden. Einige sind allerdings ausgesprochene Maschinenprojekte. Ganz hinten im Buch finden Sie eine Decke, die etliche der Nähmaschinentechniken in sich vereint, die auch für die anderen Decken angewendet werden. Wenn Sie üben wollen, ist es eine gute Idee, diese Decke zuerst zu nähen.

Der erste Abschnitt im Buch beschreibt, wie man mit traditionellen amerikanischen Patchworkblöcken arbeitet und dabei zu seiner eigenen Ausdrucksform findet. Gleichzeitig zeigt er Kompositions- und Designmethoden, deren Grundsätze auf andere Muster als die hier gezeigten angewendet werden können. Später kommen Beispiele, wie Sie Ihre eigenen Muster, zum Beispiel asymmetrische Blöcke, machen können, oder wie Sie mit einfachen Zeichen und Symbolen arbeiten. Zum Schluß zeige ich Ihnen Beispiele für Decken, die durch „ethnische" Vorbilder aus verschiedenen Ländern inspiriert wurden, und Decken mit ganz einfachen flächendeckenden Mustern.

Es würde mich sehr freuen, wenn Sie Lust bekommen, zu Papier und Bleistift zu greifen oder den Computer einzuschalten, um andere Muster in Angriff zu nehmen als nur die, die ich hier behandelt habe. Meine Erfahrung ist, daß man, wenn man sich erst einmal ernsthaft vorgenommen hat, mit Mustern zu spielen, eine Idee nach der anderen bekommt. Und dies in einer Fülle, daß es mitunter schwerfällt, sich zu entscheiden, was man tatsächlich nähen soll! Aber gerade hier ist eine prächtige Gelegenheit, seinen eigenen Geschmack kennenzulernen und dabei seinen eigenen Stil zu entwickeln.

Viel Vergnügen wünscht Ihnen
Charlotte Yde

Praktische Erläuterungen zum Gebrauch dieses Buches

Sterne:

Alle beschriebenen Decken sind mit ein, zwei oder drei Sternen * versehen, die den Schwierigkeitsgrad des einzelnen Projekts angeben.

Schablonen:

Wenn nicht anders angegeben, ist eine Nahtzugabe von 0,75 cm vorgesehen. Wenn Ihre Nähmaschine mit einer anderen Nahtzugabe arbeitet, können Sie die inneren Linien der Schablonen verwenden und Ihre eigene Nahtzugabe dazugeben.

Stoffberechnung:

Allen Stoffberechnungen liegt eine Stoffbreite von 110 cm zugrunde. Es handelt sich nur um Richtwerte, da der Verbrauch individuell verschieden ist, je nachdem, wie rationell wir den Stoff nutzen.

Ich ermittle den Stoffverbrauch, indem ich ausrechne, wie oft die vorgegebene Schablone in der Stoffbreite enthalten ist. So kann ich errechnen, wie viele Reihen man braucht und wieviel sie ausfüllen. Auf diese Weise finde ich heraus, wieviel Stoff man für die einzelne Schablone braucht. Dann nehme ich eine Schablone nach der anderen, bis alle für einen Stoff anzuwendenden Schablonen berücksichtigt sind. Danach berechne ich den gesamten Stoffbedarf. Auf dem Schaubild links können Sie sehen, wie so eine Berechnung aussehen kann. Man kann einiges an Stoff sparen, wenn man beim Ausschneiden der Stücke mit der Schere oder dem Rollschneider rationell vorgeht. So kann Stoff in Streifen geschnitten werden, die der Höhe der verschiedenen Schablonen entsprechen; gleich große Streifen können eventuell übereinandergelegt werden, und man kann die Stoffstücke in mehreren Lagen ausschneiden, wobei die Schablone am Streifen entlang geführt wird.

In den Anleitungen des Buches sind generell keine Stoffberechnungen für die abschließenden Ränder angegeben. Diese werden aber normalerweise in 6 cm Breite und in einer Länge ausgeschnitten, die der Kantenlänge der Decke (einschließlich Rand!) entspricht.

Das Spiel mit Mustern

Zeichengeräte und Designhilfsmittel

Papier und Bleistift usw.

Zu Beginn will ich Ihnen sagen, welche Utensilien Sie zur Hand haben sollten, wenn Sie anfangen, Ihre eigenen Decken zu entwerfen. Natürlich sind Papier und Bleistift Voraussetzung, wenn Sie Ihre Muster zeichnen. Zwischendurch kann es zweckmäßig sein, Transparentpapier zur Hand zu haben und kariertes Papier, auf dem man entweder direkt zeichnen oder das man unter das Transparentpapier legen kann, so daß das Karo im Endergebnis nicht stört. Transparentpapier ist auch von Vorteil, wenn man mit versetzten Mustern, Schattenmustern oder mit einem Musterblock arbeitet, der einzelne Elemente „verliert". Außerdem braucht man Lineal(e), Zeichendreieck, Zirkel und eventuell eine Rechenmaschine. Ein kleines Geometriebuch kann recht hilfreich sein.

Farben

Farbstifte, Aquarellfarben oder andere Farben sind notwendig, wenn Sie Farbentwürfe auf dem Papier durchspielen wollen.

Pinwand

Wenn Sie lieber direkt mit den Stoffen arbeiten, können Sie entweder kleine zusammengeklebte Modelle machen oder die Stoffe auf eine Pinwand stecken und das ganze Muster aus der Entfernung beurteilen. Wenn Sie lieber direkt mit den Stoffen arbeiten, ist eine mit weißem Flanell umspannte Pinwand, an dem die Stoffstücke hängen bleiben, ohne daß man Stecknadeln verwenden muß, die beste Ausstattung. Auf jeden Fall ist es immer gut, sowohl die eigene Vorlage als auch später die Stoff- und Farbenauswahl aus der Entfernung zu beurteilen. Das gibt immer einen besseren Überblick über die Ausgewogenheit von Muster, Farbkraft und Farbe.

Spiegel

Wenn Sie feststellen, daß Ihnen symmetrische Muster gut gefallen, schaffen Sie sich zwei (viereckige) Spiegel an, in denen Sie sehen können, wie Ihr Muster aussieht, wenn Sie es um eine oder zwei Achsen spiegeln. Halten Sie den Spiegel oder zwei Spiegel rechtwinklig zueinander, genau an den Rand des Musters oder des Musterausschnitts, und betrachten Sie die Wirkung. Symmetrische Muster werden sich nur vervielfältigen und zeigen, wie sie aussehen, wenn sie eine größere Fläche einnehmen. Bei asymmetrischen Mustern dagegen zeigt sich, wie sie spiegelbildlich aussehen, was bedeutet, daß sie neue symmetrische Muster bilden.

Prismenlinse

Eine faszinierende Entdeckung für mich war eine Prismentafel- oder -linse zum Durchschauen, für wenig Geld in einem Spielzeugladen erworben. Am interessantesten für unsere Zwecke ist eine in quadratischen Feldern geschliffene Linse. Dadurch zeigt sich Ihnen das, worauf Sie schauen, als ein vervielfältigtes Muster Ihrer Blöcke. Solche Linse kann eine Menge Inspiration zu asymmetrischen Blöcken geben. Es ist auch anregend, durch sie hindurch auf Patchworkdecken oder auf einen Stoffhaufen zu schauen. *(Anm.: Prismenlinsen sind in Deutschland in Patchworkläden erhältlich.)*

Fotokopierer

Da wir häufig mit vervielfältigten Blöcken arbeiten, erleichtert Ihnen ein Fotokopiergerät die Arbeit enorm. Zeichnen Sie den gewünschten Block und seine zur Arbeit benötigten Variationen auf ein Blatt Papier und machen davon mehrere Kopien, die Sie zum Ausschneiden, Kleben oder spielerischen Zusammenlegen verwenden. Probieren Sie mehrere Variationen eines Ausgangsmusters durch. Es lohnt sich, mehrere Exemplare der am besten gelungenen Ergebnisse zu kopieren so daß Sie auch die Verteilung der Farben variieren können. Mit dem Kopierer können Sie auch Ihre Kompositionen oder gegebenenfalls die Schablonen vergrößern oder verkleinern.

Computer

Wenn Sie einen Computer und ein Zeichenprogramm besitzen, verfügen Sie damit über ein unglaublich effektives Hilfsmittel, um unzählige Variationen durchzuspielen. Ich selbst habe alle Illustrationen zu diesem Buch auf einem Apple Macintosh-Computer mit einem Illustrator-Zeichenprogramm gemacht. Ich weiß, daß es mittlerweile viele Patchwork- und Quiltprogramme für den PC gibt, aber persönlich ziehe ich es vor, ein reguläres Zeichenprogramm zu benutzen. Man fängt dabei nämlich ganz von vorn an, genau wie auf einem unbeschriebenen Blatt Papier. Ich glaube, daß es für die eigene Kreativität wichtig ist, nicht von vornherein mit vorgegebenen Mustern, Designmöglichkeiten und Farbkombinationen arbeiten zu müssen. Außerdem bestehen die meisten Muster, die sich zur Umsetzung in Patchwork eignen, aus Dreiecken, Vierecken oder relativ einfachen Figuren, und es ist nicht übermäßig schwierig, sich die notwendige Fertigkeit am Computer anzueignen.

Bücher als Inspiration

Es macht Spaß, Bücher mit anregenden Bildern anzuschauen. Oft setzt ein winziges Detail auf einem Bild etwas ganz Neues in Gang. Bücher mit Naturdarstellungen, aber auch Bücher über Kunsthandwerk aus anderen Ländern, über historische Textilien oder Keramiken und Kunstbücher können eine unschätzbare Quelle der Inspiration sein. Bedenken Sie dabei, daß die Abbildungen anregend auf die eigene Kreativität wirken sollen – und nicht eine Vorlage darstellen, die man sklavisch kopieren muß. Es gibt selbstverständlich auch eine Menge Quiltbücher, aber generell bin ich der Meinung, daß man Inspiration auch außerhalb seines Fachgebietes suchen soll, wo die Versuchung zur Nachahmung nicht so groß ist.

Variationen traditioneller Muster

Es ist eine gute Idee, relativ einfache Designmethoden mit ganz schlichten Mustern oder Blöcken durchzuarbeiten. Wenn Sie diese Muster betrachten, werden Sie merken, daß sie mit verschiedenen Rastern unterlegt werden können. Einige sind auf Rastern von Vierecken, zum Beispiel Quadraten aufgebaut, wo alle Linien rechtwinklig aufeinander zulaufen. Andere basieren auf Rastern von Rhomben, die ja auch Vierecke sind, und wieder andere auf Rastern von Dreiecken, zum Beispiel gleichschenkligen Dreiecken, wo die Linien in drei Richtungen laufen und sich im Winkel von 60° kreuzen. Ich habe mich entschieden, ausschließlich mit Mustern zu arbeiten, die einem Viereckraster unterlegt werden können. Trotz seiner Einfachheit bieten sich hier viele Möglichkeiten, und Muster, die auf der Grundlage eines solchen Rasters entworfen werden, lassen sich leicht in „nähfreundliche" Patchworkarbeiten umsetzen. Ich habe mich entschieden, die unterschiedlichen Designmethoden und -prinzipien mit altbekannten Patchworkmustern zu illustrieren. Das geschah in erster Linie, um sie zu verdeutlichen. Selbstverständlich entstehen mit Hilfe dieser Methoden auch ganz andere Muster, etwa wenn Sie von Ihren eigenen, nicht traditionellen Mustern ausgehen. *Flying Geese* und *Rail Fence* sind Beispiele für ganz einfache Muster, aber deswegen interessant, weil sie eine Richtung zeigen, eine Ausrichtung. Das bedeutet, daß man Blöcke in Reihen oder eventuell symmetrisch um einen Mittelpunkt herum aneinandersetzen kann.
Der folgende Abschnitt ist eine kurze Übersicht über einige einfache Grundsätze des Designs. Sie werden in späteren Kapiteln ausführlich behandelt.

Evening Star positiv

– und negativ

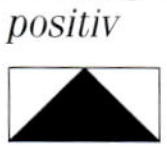

Flying Geese positiv

– und negativ

Positive und negative Farbverteilung

Wenn ich über positive bzw. negative Farbverteilung schreibe, dann meine ich damit grundsätzlich, daß in einem positiven Block das Muster oder die Figur dunkel auf einem hellen Hintergrund steht, und in einem negativen Block genau umgekehrt. Dabei ist nicht ausschließlich ein schwarz-weißes Muster gemeint, selbstverständlich sind auch andere Farben mit einem deutlichen Farb- oder Farbwertunterschied brauchbar. Probieren Sie selbst, was dabei herauskommt, wenn Sie hinsichtlich Figur oder Hintergrund die Hell-Dunkel-Verteilung vertauschen.

Manchmal wird ein Block interessanter, wenn er hell auf einem dunklen Hintergrund steht, und es können sich interessante Möglichkeiten ergeben, wenn man positive und negative Blöcke kombiniert. Es gibt eine ganze Reihe von Mustern, sowohl Patchworkmuster als auch Mosaik- und Druckmuster, die grundsätzlich durch den abwechselnden Gebrauch von positiven und negativen Musterelementen zur Wirkung kommen. Sie können in nur zwei Farben gemacht werden, aber oft kann man ohne weiteres mehrere Farben verarbeiten, ohne daß die Wirkung verlorengeht. Siehe dazu die Seiten 23, 24 und 59.

Farb- und Farbwertverteilung

Natürlich sind Farben und Stoffe so ziemlich das Wichtigste bei einem Quilt. Manchmal hat man Stoffe beisammen, die geradezu danach schreien, nicht nur zusammen, sondern auch für die ganz besondere Arbeit verwendet zu werden, an die man gerade denkt. Wenn Sie jedoch nicht von vornherein eine klare Vorstellung von Farben und Mustern haben, lohnt sich die Mühe, mehr über die Bedeutung von Farben und speziell von Farbwerten für ein Muster in Erfahrung zu bringen. Der Farbwert bedeutet die Helligkeit oder Dunkelheit einer Farbe. Probieren Sie es mit Farben unterschiedlicher Helligkeit, eventuell mit einer durchgehenden Farbe, wie zum Beispiel beim *Evening Star* Seite 11, wo das Goldorange konstant ist, während der Hintergrund von hell bis dunkel geht. Studieren Sie auch die Beispiele auf Seite 14 und 22 und betrachten Sie, wie unterschiedlich ein ganz einfaches Muster wie *Xquisite* auf Seite 23 aussehen kann, was die Bedeutung von Farben und Farbwerten demonstriert.

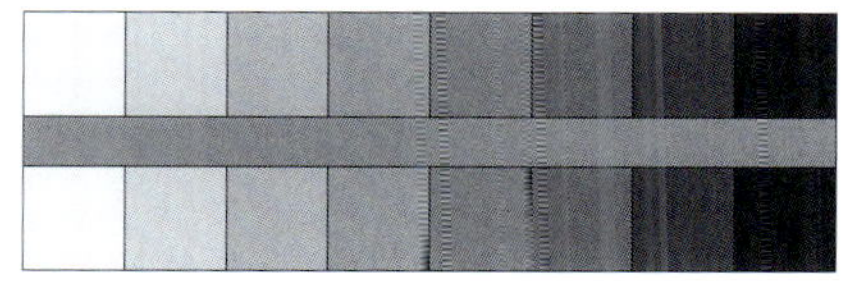

Farbwertskala – dieselbe Farbe (Mittelstreifen) wirkt dunkel vor einem hellen Hintergrund und hell vor einem dunklen Hintergrund.

Muster „auf die Spitze gestellt“

Viele Muster bekommen einen völlig anderen Charakter, wenn man sie um 45° dreht. Probieren Sie es mit verschiedenen Mustern und schauen Sie, was geschieht. Muster, die normal eine waagrecht-senkrecht dominierte Wirkung haben, bekommen eine stark diagonale Wirkung und umgekehrt, oft erkennt man sie kaum wieder. Das können Sie unter anderem sehen, wenn Sie die *Xquisite-Babydecken* mit den großen Xquisite-Decken vergleichen, siehe Seite 23.

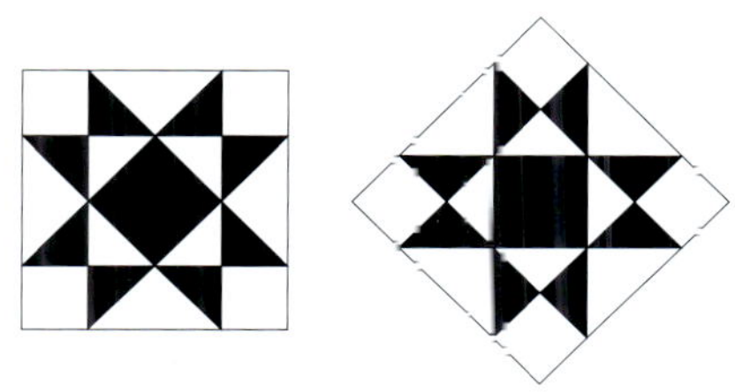

Kleine Änderungen eines gegebenen Musters

Hier gibt es viele Möglichkeiten: Man kann ein einziges Element oder auch zwei Elemente eines Musters ändern, wie bei den *Rail Fence*-Variationen auf Seite 21. Dadurch wird der Block asymmetrisch, und man kann ihn mit sehr unterschiedlichem Resultat in Reihen anordnen oder rotieren lassen. Man kann auch schrittweise Elemente eines Musters verschwinden lassen (das will ich in diesem Buch als „Blöcke mit verlorenen Elementen“ oder einfach als „verlorene Elemente“ bezeichnen) und damit ein flächendeckendes Muster von steigender oder abnehmender Intensität schaffen. Mehr über letzteres in diesem Kapitel Seite 12. Betrachten Sie die Beispiele in den Kapiteln über *Xquisite*, Seite 23, und die *Double Wedding Ring*-Decke Familienband, Seite 38.

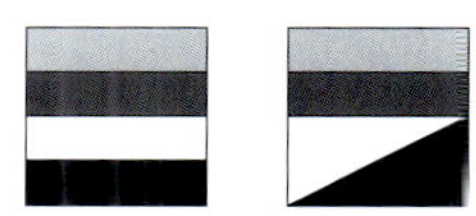

Rail Fence – die zwei unteren Streifen sind in Dreiecke abgeändert, so daß der Block asymmetrisch wurde.

Symmetrie- und Spiegelwirkungen

Wenn ein Block asymmetrisch ist, kann man auch neue Muster machen, indem man ihn spiegelt oder dreht. Gedrehte Blöcke ergeben oft sehr dynamische Muster, während gespiegelte Blöcke bei all ihrer Symmetrie eine Tendenz zur Bildung von eher steifen oder statischen Mustern haben. Lesen Sie mehr über letzteres in diesem Kapitel ab Seite 15. Grundsätzliches dazu finden Sie im Kapitel über asymmetrische Blöcke auf Seite 65.

Asymmetrischer Block, um zwei Achsen herum gespiegelt. Veränderter Rail Fence-Block.

Rotierte Flying Geese-Elemente werden zum traditionellen Block Dutchman's Puzzle.

Gegen sich selbst verschobene Muster

Stellen Sie sich vor, daß die Figuren des Musters über den Hintergrundquadraten schweben, und probieren Sie dann, die Figuren im Verhältnis zum Hintergrund zu verschieben und eventuell ihre Farben zu variieren. Nehmen wir einmal das Schaubild auf der folgenden Seite: Den Teil der verschobenen Figur, der über den

Wenn der Hintergrund im Verhältnis zur Figur verschoben sein soll, kann man zum Beispiel einen schachbrettartigen Hintergrund verschieben oder mit fragmentierten Mustern arbeiten.

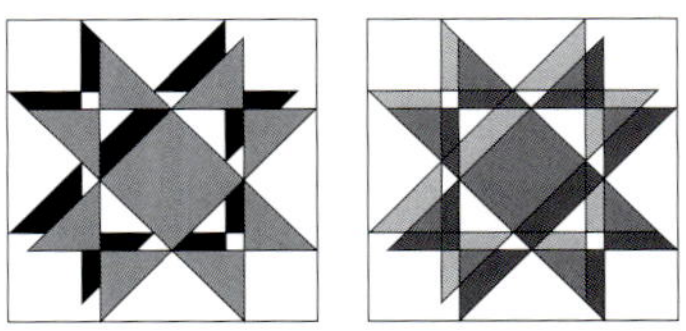

oberen und den linken Rand des Hintergrundes hinausgeht, kann man unten und rechts anfügen, wenn man die Hintergrundfläche wieder ganz ausfüllen will. Das heißt, daß man einen neuen, sehr asymmetrischen Block schafft, den man immer noch ohne große Schwierigkeiten nähen kann, jedoch zur Herstellung ganz andersartiger Decken: zum Beispiel mit verschobenen Schachspielfeldern als Hintergrund oder mit fragmentierten Chaosmustern. Das ist das Prinzip, das ich bei der *Double Wedding Ring*-Babydecke auf Seite 32 verwendet habe.

Schattenmuster oder transparente Muster

Wenn Sie sich statt dessen vorstellen, daß zwei übereinstimmende Muster verschoben übereinandergelegt werden, dann kann zum Beispiel die Wirkung eintreten, daß das obere Motiv (die Figur im Muster) einen Schatten auf den Untergrund wirft. Sie können die Wirkung auch erreichen, indem zwei übereinandergelegte, durchscheinende Motive Transparenzeffekte erzeugen. Das ist die Methode, die ich bei der Bettdecke mit Schattenmustern verwendet habe und die auf Seite 46 ausführlich erklärt wird.

Mustereffekte mit traditionellen Blöcken

Beispiele mit *Flying Geese*

Im folgenden habe ich traditionelle Blöcke verwendet, um die Wirkungen von Mustern zu illustrieren, die durch Anwendung verschiedener Kompositionsprinzipien erreicht werden können.

Flying Geese-Variationen. Die zwei ersten Reihen sind normale positive beziehungsweise negative Flying Geese. In der dritten Reihe sind zwei Typen variiert.

Aus Flying Geese gearbeitete Blöcke; bei Nr. 3 und 4 sind sowohl positive als auch negative Muster verwendet.

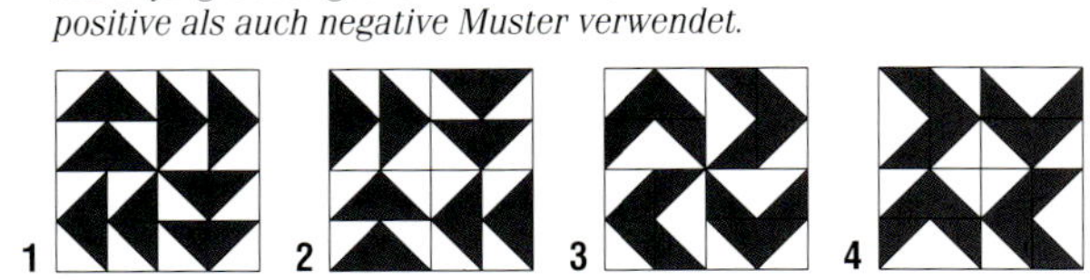

Beispiele für flächendeckende Muster aus Flying Geese.

Beispiele mit dem *Evening Star*

Beispiele für positive und negative Blöcke.

Die Farben der Sterne sind einheitlich, während der Hintergrund von hell bis dunkel geht. Das kann interessante Wirkungen erzeugen, die die einheitliche Farbe unterschiedlich aussehen lassen.

Man kann mit „Geister-Blöcken" arbeiten, denen man dieselbe Farbe wie dem Hintergrund gibt, aber eine Nuance heller oder dunkler.

Abwechselnd positive und negative Blöcke. Beispiele von Mustern mit geradestehenden und auf der Spitze stehenden Blöcken.

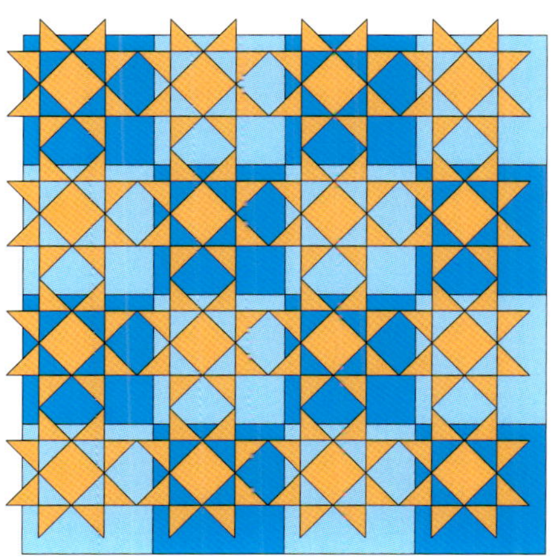

Links: Gegen den Hintergrund verschobenes Muster. Musterteile, die oben und links über den Rand hinausgehen, können ganz nach unten beziehungsweise nach rechts umgesetzt werden.

Rechts: Hier ist das Muster im Verhältnis zum Hintergrund verschoben und so verändert, daß ein fragmentiertes oder Chaos-Muster entsteht.

Verlorene Elemente

Sie arbeiten gern mit traditionellen Blöcken, die aus vielen Elementen bestehen, haben aber Lust dazu, etwas ganz Neues, höchst Persönliches daraus zu machen? Dann ist das „Verlieren von Elementen“ die passende Arbeitsmethode. Probieren Sie, was passiert, wenn Sie unterwegs einige Blockelemente weglassen – „verlieren“. Wie Sie an den Beispielen sehen, gibt es viele verschiedene Möglichkeiten dafür, wie Sie Elemente verlieren, in wie vielen Stadien dies geschehen kann, und auch hinsichtlich der endgültigen Komposition Ihrer Decke. Sie können Elemente innerhalb des einzelnen Blocks entweder symmetrisch verlieren, wie ich es in den zwei Beispielen *Pin Wheele Square* oder *Here is the Steeple* gemacht habe, oder asymmetrisch, wie an dem Beispiel Spinning Stars gezeigt. Außerdem können Sie wählen, ob Sie mit der gesamten Komposition symmetrisch oder asymmetrisch arbeiten wollen.
Die *Xquisite*-Decken auf Seite 27–29 und die Double *Wedding Ring*-Decke Familienband sind nach dieser Methode gearbeitet.

Asymmetrische Komposition.

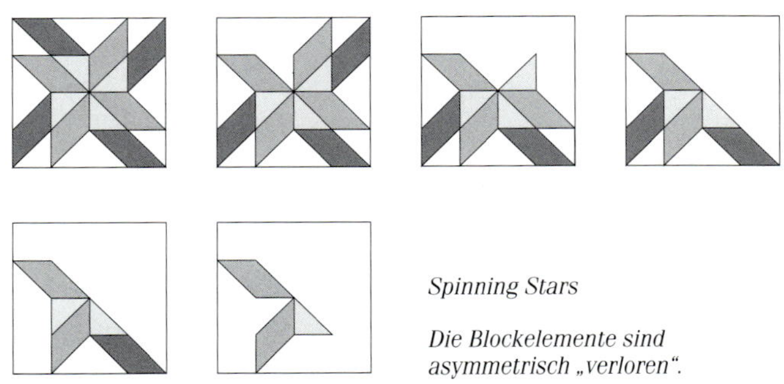

Spinning Stars

Die Blockelemente sind asymmetrisch „verloren“.

Symmetrische Komposition.

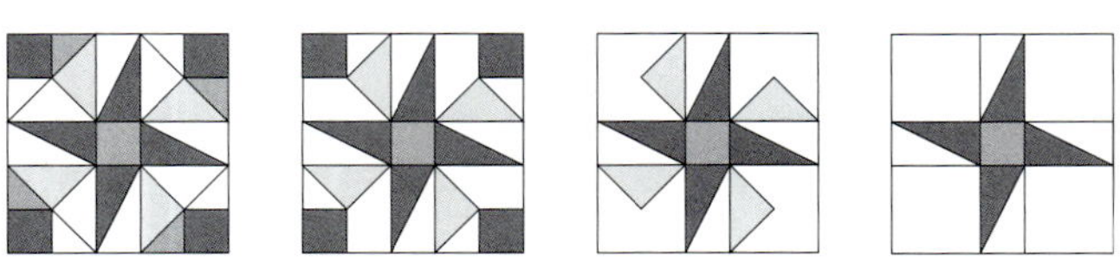

Pin Wheel Square

Die Blockelemente sind in allen Stadien symmetrisch „verloren“.

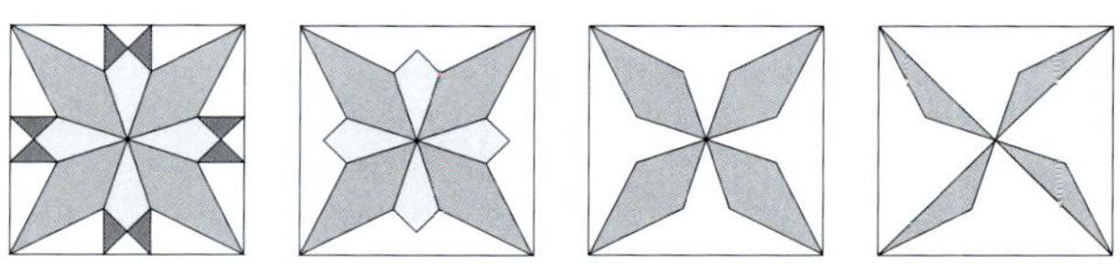

Dieser Block heißt Here is the Steeples.

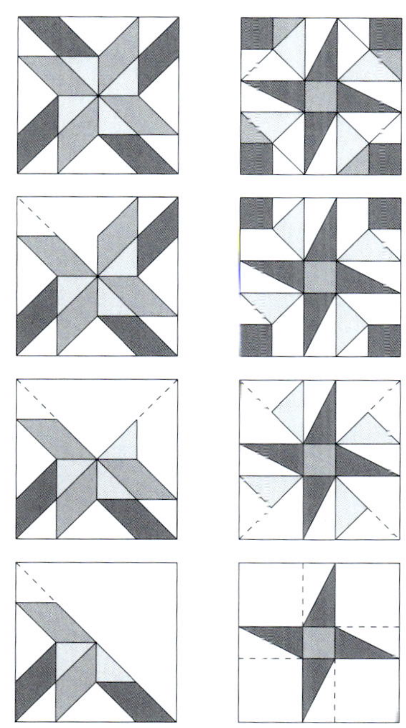

Die gepunkteten Linien geben die Nähte an.

Etwas Nähtechnik:

Wenn Sie Elemente eines Blocks verlieren, kann der Hintergrund zuweilen merkwürdige Ausformungen erhalten, die nicht so einfach zu nähen sind. Dann werden Sie aus nähtechnischen Gründen die Figur teilen müssen, auch wenn diese eigentlich wie eine ganze Fläche aussieht. Normalerweise macht das nichts, weil das entweder durch Quilten zu verbergen ist oder auf raffinierte und zurückhaltende Weise die ursprüngliche Musterstruktur erhält. Sie können sogar von vornherein mehrere nahezu einheitliche Stoffstücke verwenden und auf diese Weise die zugrundeliegende Struktur etwas betonen.

Variationen bei der Farbgebung

Auf der nächsten Seite sind verschiedene Beispiele für das Muster Storm at Sea zu sehen. Man bekommt einen deutlichen Eindruck davon, welch große Bedeutung die Plazierung der Farben und Farbwerte für das Hervortreten des Musters hat. Selbst wenn bei diesen Beispielen keine Farben, sondern nur Grautöne (verschiedene Farbwerte) verwendet werden, sieht man deutlich, wie wichtig es ist, ob die Sterne jeweils hell oder dunkel, ob die Farben oder Farbwerte des Hintergrundes symmetrisch oder zufällig angeordnet sind, ob der ganzen Komposition ein bestimmter Farbenverlauf unterlegt ist oder ob die Farbgebung ohne Rücksicht

auf die Sterne erfolgt ist und dabei ganz andere Musterwirkungen entstehen.
Auf dem Beispiel rechts oben ist der Farbwert der Sterne konstant, aber sie sehen oben, wo der Hintergrund hell ist, dunkler aus als unten, wo der Hintergrund dunkel ist.

Farbverteilung ohne Rücksicht auf Sterne und Hintergrund.

Oben: Farbenverlauf, wenn Sterne und Quadrate ihre Farbe nicht ändern.

Unten: Symmetrische Farbverteilung.

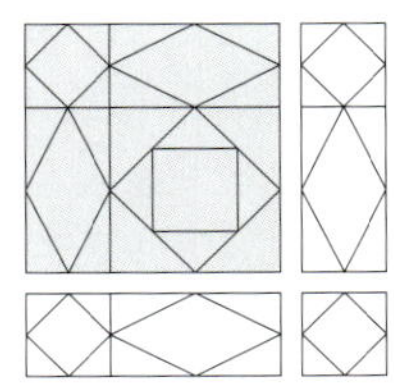

Storm at Sea

Der graue Teil gibt den Rapport an, die weißen Musterelemente werden an den Seiten der Decke verwendet.

Zufällige Farbverteilung, aber mit hellen Sternen.

Symmetrie

Wir sind an Symmetrie gewöhnt und erwarten sie von einem Patchworkmuster, aber häufig machen wir nur von ganz wenigen der Möglichkeiten Gebrauch, die das Arbeiten mit Symmetrie bietet. Symmetrie kann definiert werden als Übereinstimmung von zwei Hälften eines Ganzen, oder als Gleichgewicht, als Symmetrie der Körper um einen Punkt, eine Gerade oder eine Ebene herum. Die Mathematiker haben 17 verschiedene Symmetrien definiert, wovon 11 bei viereckigen – quadratischen oder rechteckigen – Blöcken angewendet werden können, während die übrigen 6 andere geometrische Figuren erfordern.
Einer der Gründe, warum wir selten richtig mit symmetrischen Wirkungen spielen, ist die Tatsache, daß die meisten Blöcke schon in sich selbst symmetrisch aufgebaut sind. Sie sind entweder um eine oder zwei Diagonalachsen, um die Mittelachsen oder um beide herum gespiegelt, oder sie rotieren um einen Mittelpunkt herum. Schon das setzt Grenzen für die Anzahl der Variationen. Ein anderer Grund ist die Unkenntnis von vielen Möglichkeiten.
Studieren Sie die Beispiele der folgenden Seiten und beachten Sie, wie viele Möglichkeiten es zur Erzeugung andersartiger Musterwirkungen gibt, wenn Sie mit symmetrischen Blöcken arbeiten. Oft braucht der Block an sich nicht besonders bemerkenswert zu sein, um interessante Muster zu bilden. Wie aus den Beispielen zu ersehen, haben Sie die Möglichkeit, mehr oder weniger symmetrische neue Muster zu bilden, je nachdem ob Sie den Block spiegeln, rotieren lassen oder wiederholen.

Die Symmetrie traditioneller Blöcke

Traditionelle amerikanische Blöcke kann man generell in die folgenden Symmetriegruppen einteilen:

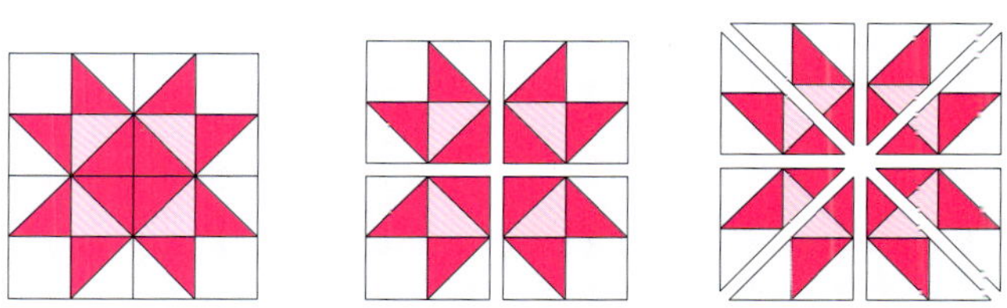

Der Evening Star ist ein Beispiel für einen Block, der sowohl um die Mittel- als auch um die Diagonalachse symmetrisch ist. Da er so symmetrisch in sich selbst ist, entstehen keine neuen, spannenden Muster, wenn Sie ihn spiegeln oder drehen.

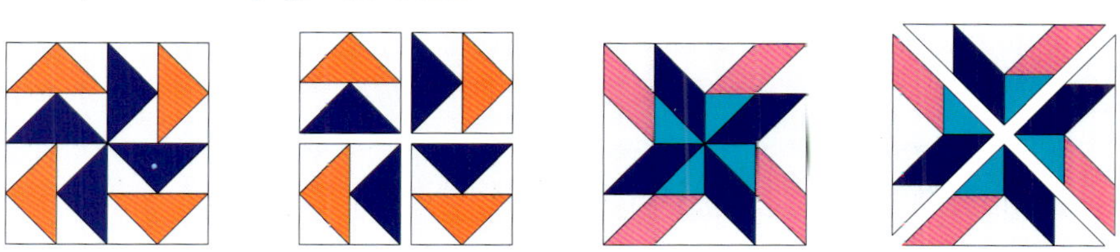

Dutchman's Puzzle und Shooting Star sind Beispiele für Blöcke, die aus rotierenden Musterelementen gemacht sind. Dutchman's Puzzle besteht aus einem quadratischen Element, das um die Mittelachse rotiert, während der Shooting Star aus dreieckigen Elementen besteht, die um die Diagonalachse rotieren.

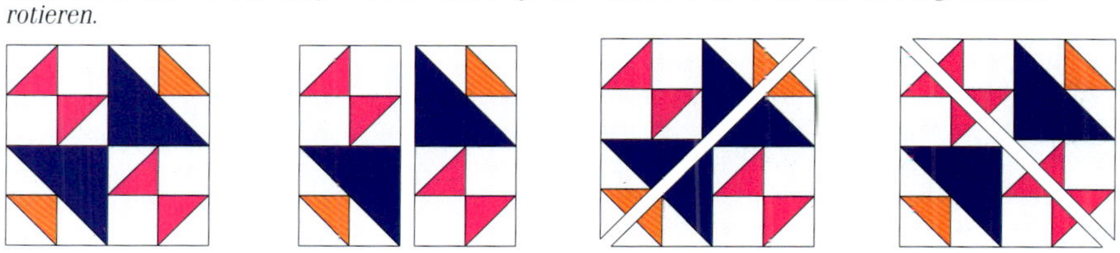

Ein Block wie Old Maid's Puzzle ist um 180° entweder um die eine oder um die andere Mittelachse rotiert, oder er ist um die eine oder die andere Diagonalachse rotiert. Er ist weniger symmetrisch als der Evening Star, weil er eine Richtung hat, und deshalb gibt es mehrere Variationsmöglichkeiten, wenn Sie sich an verschiedenen Musterwirkungen versuchen wollen.

Jacob's Ladder ist nur um die eine oder andere Diagonalachse symmetrisch und noch mehr richtungsbestimmt. Deshalb bestehen mehrere Möglichkeiten, um verschiedene Flächenmuster zu machen.

Grape Basket und Maple Leave sind Beispiele für Blöcke, die nur um eine Achse symmetrisch sind.

Beispiele für ganz asymmetrische Blöcke. Sailboat ist ein traditioneller Block. Die anderen Beispiele stellen denselben Block gedreht in drei verschiedene Richtungen dar. Völlig asymmetrische Blöcke können die unterschiedlichsten Flächenmuster bilden.

Die Grundsätze der Symmetrie

Ich habe die verschiedenen Prinzipien teils mit einem Block gezeigt, der nur um eine Diagonalachse symmetrisch ist, teils mit einen ganz asymmetrischen Block.

Spiegelsymmetrie

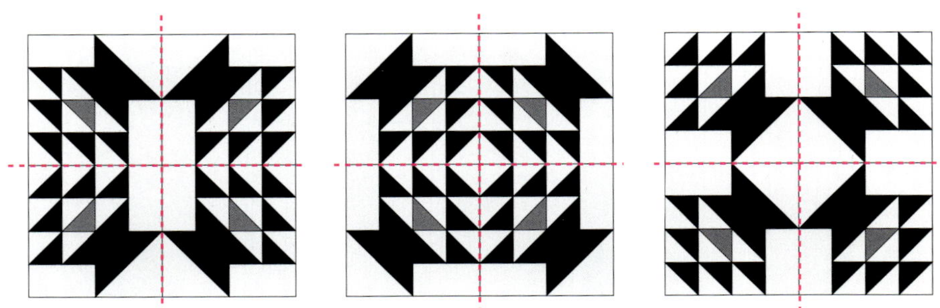

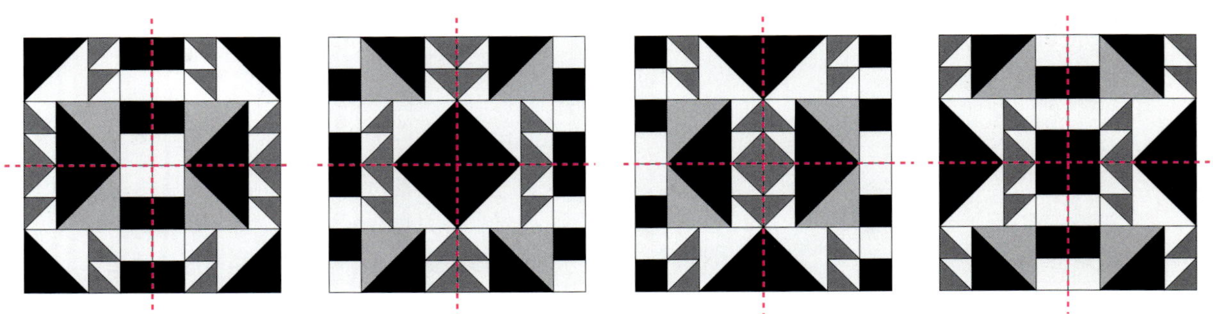

Es gibt mehrere verschiedene Variationen, wenn man Blöcke spiegelt, die nicht um beide Diagonal- oder Mittelachsen symmetrisch sind. Ist der Block ganz asymmetrisch, gibt es 4 verschiedene Möglichkeiten

Rotationssymmetrie

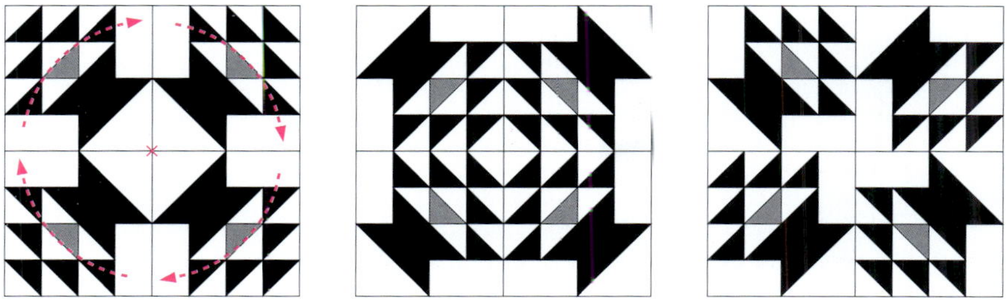

Blöcke oder Mustereinheiten können um einen Punkt rotieren. Wenn der Block um eine Diagonalachse symmetrisch ist, gibt es zwei oder drei Möglichkeiten.

Sind die Blöcke oder Mustereinheiten ganz asymmetrisch, gibt es bis zu 4 verschiedene Möglichkeiten.

Wiederholungssymmetrie oder Briefmarkenbogensymmetrie

Blöcke oder Mustereinheiten werden wiederholt, ohne daß sie gespiegelt werden oder rotieren. Das führt grundsätzlich zu nur einem Ergebnis, das seinen Charakter ändert, wenn man den Block oder die ganze Musterfläche dreht.

Schließlich kann man die drei Prinzipien auf verschiedene Weise kombinieren.

Kombinationssymmetrie

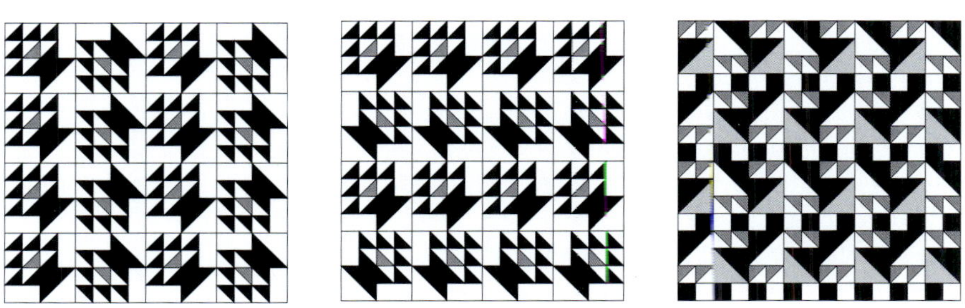

In dieser Symmetrie werden Spiegelsymmetrie und Wiederholungssymmetrie kombiniert. Man nimmt zum Beispiel ein Element und spiegelt es um die eine Seite, zum Beispiel senkrecht, setzt es aber dann an einer anderen Seite an, zum Beispiel waagrecht, und wiederholt danach die zwei Elemente ohne senkrechte oder waagrechte Verschiebung. Selbst wenn die Elemente gespiegelt sind, enthält das Muster keine Spiegelungslinien.

Überblick über Symmetriewirkungen

Man braucht nicht besonders lange mit unterschiedlichen quadratischen oder rechteckigen Blockmustern zu arbeiten, um herauszufinden, daß es deutlich viel mehr Möglichkeiten gibt, wenn man mit asymmetrischen Blockmustern arbeitet. Ich habe auf verschiedene Weise versucht, die Prinzipien der Symmetrie zu systematisieren und zu verdeutlichen: teils mit Pfeilsymbolzeichnungen, teils mit einem ganz einfachen asymmetrischen Block (auf der nächsten Seite abgebildet), was nur zur Verdeutlichung der Musterwirkungen dienen soll. Ich weiß nicht, ob alle hier gezeigten Variationen mathematisch korrekt sind, aber sie ergeben sämtlich deutlich voneinander verschiedene Musterwirkungen. Bei den gezeigten Beispielen bin ich immer von einem Block ausgegangen, der auf eine bestimmte Weise gedreht war – wenn Sie die Variationen durcharbeiten und dann den Block um 90° in der einen oder anderen Richtung drehen, werden einige der Beispiele wiederum unterschiedlich aussehen –, und damit wird es zu noch mehr Variationen kommen.
Wie Sie sehen können, kommen Muster mit ganz unterschiedlichem Charakter heraus, je nachdem ob die Blöcke gespiegelt, rotiert oder wiederholt werden.

1 *Wiederholter Block.*
2 *Der Block wiederholt sich in waagrechten Reihen, in jeder zweiten Reihe jedoch um 180° gedreht.*
3 *Der Block wiederholt sich in senkrechten Reihen, in jeder zweiten Reihe jedoch um 180° gedreht.*
4 *Der Block ist bei jedem zweiten Mal um 180° gedreht.*
5 *Der Block wiederholt sich in waagrechten Reihen, in jeder zweiten Reihe jedoch als waagrechtes Spiegelbild.*
6 *Der Block wiederholt sich in senkrechten Reihen, in jeder zweiten Reihe jedoch als senkrechtes Spiegelbild.*
7 *Der Block und sein senkrechtes Spiegelbild wiederholen sich abwechselnd in waagrechter Reihe. Jede zweite waagrechte Reihe ist zur ersten um einen Block versetzt.*
8 *Der Block ist senkrecht und waagrecht gespiegelt.*
9 *Der Block und sein waagrechtes Spiegelbild wiederholen sich abwechselnd in senkrechten Reihen. Jede zweite Reihe ist gegenüber der ersten um einen Block versetzt.*
10 *Der Block und sein senkrechtes Spiegelbild wiederholen sich abwechselnd in waagrechten Reihen. Jede zweite waagrechte Reihe ist jedoch das Spiegelbild der ersten und gegenüber dieser um einen Block versetzt.*
11 *Der Block ist um beide Achsen gespiegelt, und Gruppen von 4 Blöcken sind gegeneinander senkrecht (oder waagrecht) versetzt.*
12 *Der Block wiederholt sich in waagrechten Reihen, jede zweite Reihe besteht jedoch aus seinen senkrechten Spiegelbildern.*
13 *Der Block wiederholt sich in senkrechten Reihen, jede zweite Reihe besteht jedoch aus seinen um 180° gedrehten senkrechten Spiegelbildern.*
14 *Der Block und das senkrechte Spiegelbild seiner um 180° gedrehten Form wiederholen sich abwechselnd in waagrechten Reihen. Jede zweite Reihe ist jedoch das Spiegelbild der ersten.*
15 *Der Block und seine um 180° gedrehte Form wiederholen sich abwechselnd in waagrechten Reihen. Jede zweite Reihe ist aber das Spiegelbild der ersten und gegenüber dieser um einen Block verschoben.*
16 *Der Block rotiert.*
17 *Gruppen von 4 rotierenden Blöcken sind jeweils waagrecht und senkrecht gespiegelt.*

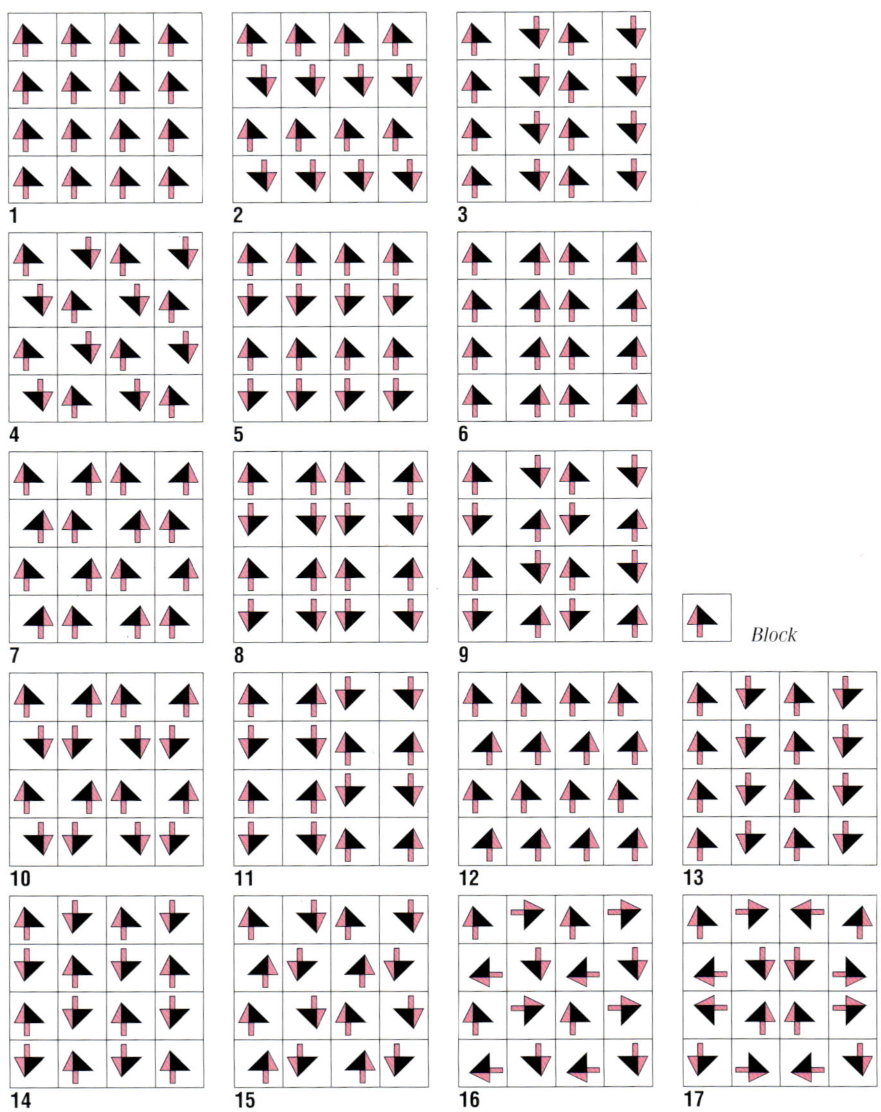

Überblick über Symmetriewirkungen

1

2

3

In einigen Beispielen sind mehrere Prinzipien kombiniert, wie zum Beispiel in den Variationen 13, 14, 15, und 17, wo sowohl Rotation als auch Spiegelung verwendet werden. Die Wiederholung von Elementen oder Elementfolgen, wie zum Beispiel Reihen, Einzel- oder Doppelreihen, 4 rotierte oder gespiegelte Blöcke, kommt in allen Symmetrien vor.

4

5

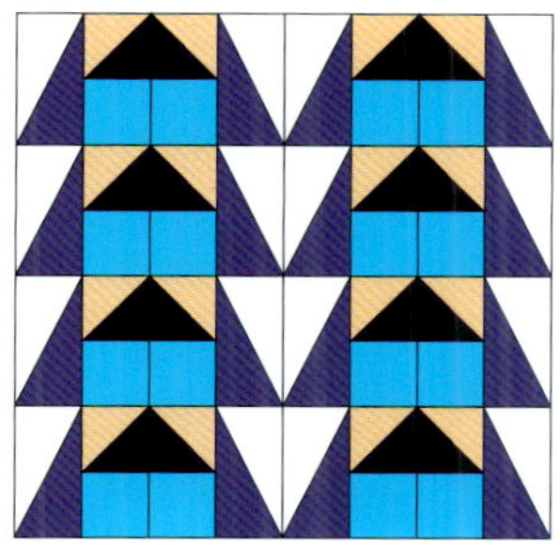

6

Blockmuster besitzen deutliche Musterwirkungen, besonders die, die in langen Dreiecken eine Richtung im Muster zeigen. Einige bilden lineare Muster, einige diagonale, einige mehr statische und einige rotierende Muster mit Wirbelbewegungen.

Die Numerierung entspricht der in der Pfeilübersicht auf der vorhergehenden Seite gezeigten Variationen

7

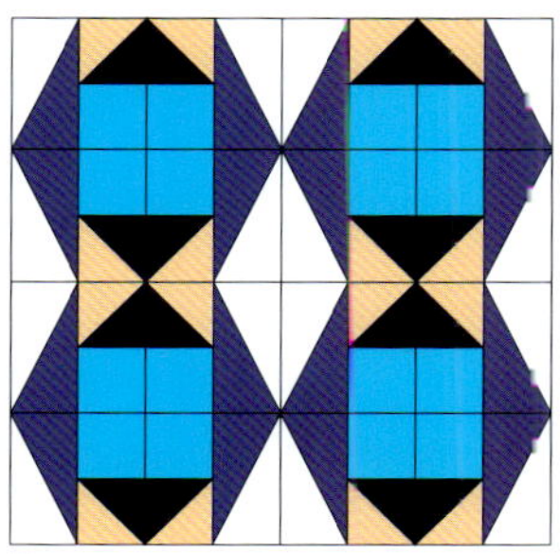

8

9

Block

10

11

12

13

14

15

16

17

Beispiele mit dem *Rail Fence*

Der *Rail Fence*, mitunter auch *Roman Stripe* genannt, ist ein einfaches aber wirkungsvolles Muster. Es besteht grundsätzlich aus einem Quadrat, das normalerweise aus 3 bis 4 gleich breiten Streifen genäht wird.

Wie in den untenstehenden Beispielen gezeigt, ergeben sich sehr schöne, einem Korbgeflecht ähnelnde Muster, wenn man 5 oder 7 Streifen in zwei oder drei Farben verwendet. Diese Geflechtwirkung wird erhöht, wenn man jeden zweiten Block, zum Beispiel die senkrechten, negativ gestaltet, das heißt die Farbverteilung umkehrt. Man kann die Blöcke auch auf die Spitze stellen, so daß das Muster diagonal hervortritt.

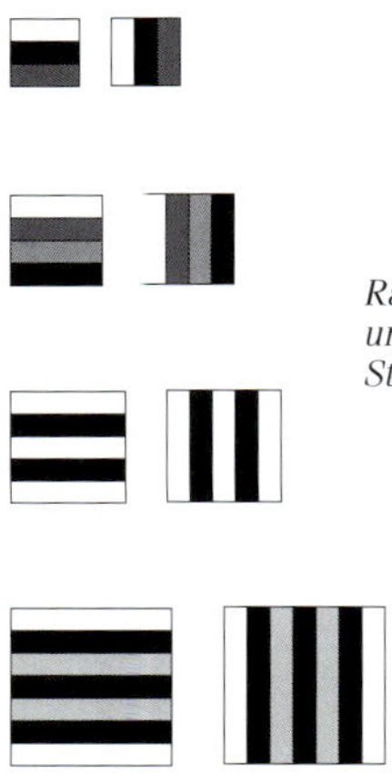

Rail Fence-Blöcke mit unterschiedlich vielen Streifen.

Das gewöhnliche Rail Fence-Muster.

Positive und negative Blöcke kombiniert.

In den folgenden Beispielen habe ich zwei Streifen in einem vierstreifigen Rail Fence-Block durch zwei lange Dreiecke ersetzt. Dadurch entsteht ein asymmetrischer Block, der sich gut zum Spiel mit Symmetrien eignet. In einigen Beispielen habe ich auch die Plazierung des schwarzen und des weißen Dreiecks getauscht und die zwei verschiedenen Blöcke kombiniert.

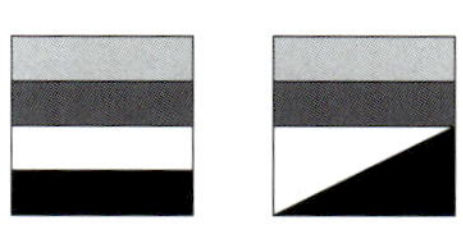

Rail Fence – die zwei unteren Streifen sind zu Dreiecken verändert, so daß der Block asymmetrisch wurde.

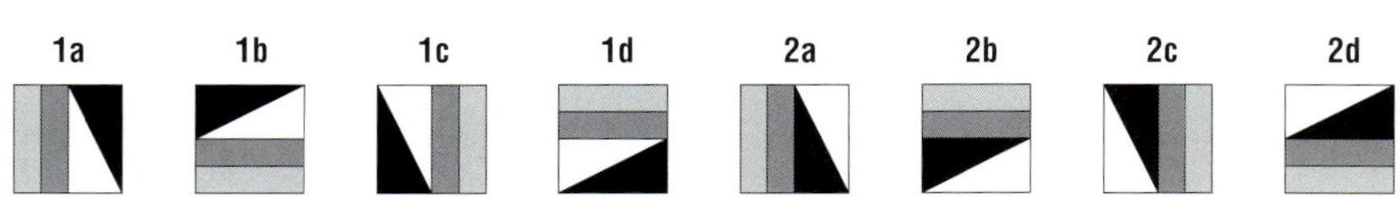

1a und 2a sind die Variationen, die in Beispielen verwendet wurden. Sie unterscheiden sich darin, daß das schwarze und das weiße Dreieck ausgetauscht sind. Der Übersichtlichkeit wegen habe ich sie rotierend gezeigt. Dadurch ist besser zu sehen, was die verschiedenen Musterwirkungen entstehen läßt.

1a, 2b

2b, 2c, 1c, 1d

2d, 2c

1c, 1b

Alle 8

2b, 1c, 1a, 2d

2b, 2c, 2a, 2d

1d, 1c, 1a, 1b

1d, 1b

Rail Fence-Variationen

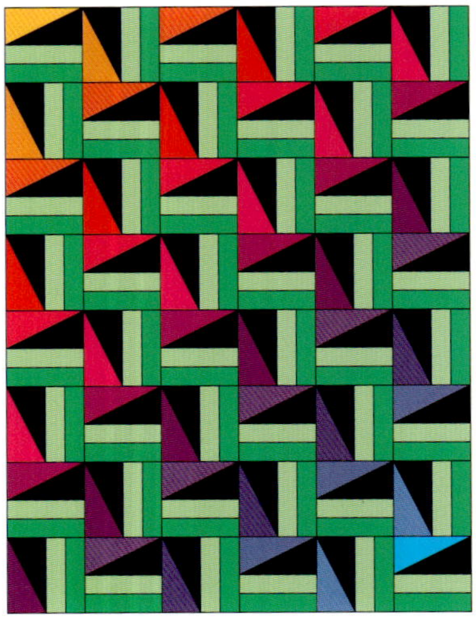

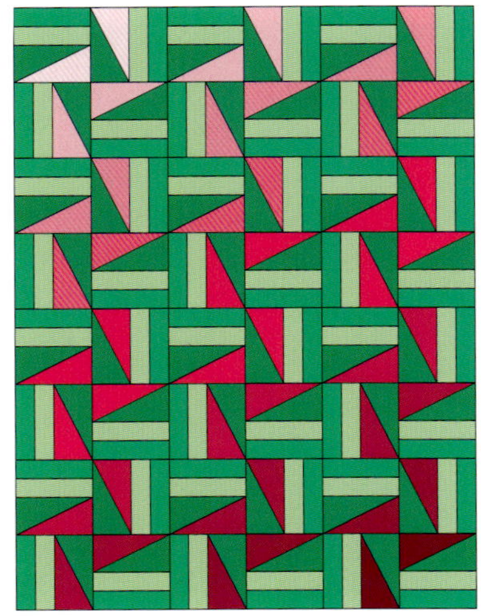

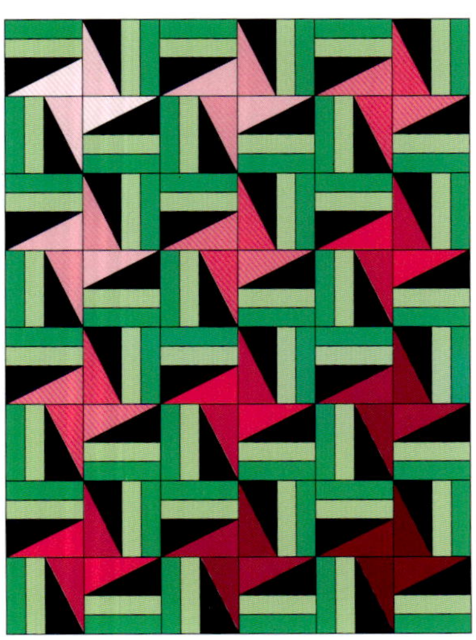

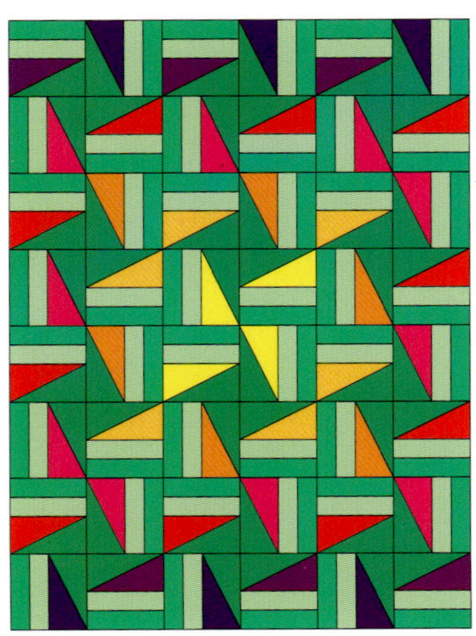

Hier sehen Sie Variationen in der Farbgebung einiger Muster, die auf der vorigen Seite gezeigt wurden. Es sind verschiedene Prinzipien angewandt, wie zum Beispiel Farbenverlauf und Farbwerteverlauf. In allen Beispielen sind die grünen Farben konstant. Das zeigt, daß die gleichzeitige Verwendung von konstanten Farben und Farbenverläufen interessante variierende Kontrastwirkungen ergibt. In den meisten Beispielen habe ich den Farbenverlauf des Farbspektrums von Gelb, über Orange, Rot, Violett bis Blau verwendet und die Farben genau nach diesem Verlauf angeordnet. Der Verlauf kann zum Beispiel von ganz oben bis ganz unten gehen, von einer Ecke zur diagonal gegenüberliegenden oder von der Mitte aus zum Rand. Sie finden auch zwei Beispiele für den Farbwerteverlauf, bei denen die Farbe von hell bis dunkel geht.

Xquisite

Decke mit Positiv-Negativ-Blöcken und „verlorenen Elementen“

Xquisite ist ein unglaublich einfacher Block – er besteht nur aus einem Quadrat mit Dreiecken in zwei gegenüberstehenden Ecken. Trotzdem gibt es enorm viele Möglichkeiten, die Musterwirkung zu variieren. Sehen Sie in den Beispielen, wie unterschiedlich das Muster aussehen kann, je nachdem ob die Blöcke gerade stehen oder auf der Spitze, ob sie symmetrisch oder in Reihen geordnet sind. Die Zahl der Farben und die Verteilung der Farben spielen ebenfalls eine große Rolle.
Im ersten Beispiel (Abbildung 1), bei dem abwechselnd positive und negative Blöcke verwendet werden, wirkt das Muster flach, ohne Tiefenwirkung und etwas hart. Im nächsten Beispiel (Abbildung 2) entfacht es durch die Verwendung verschiedener Farbwerte dagegen eine nahezu räumliche Wirkung. Die zwei Babydecken sind nach dieser Vorlage genäht.
Im dritten und vierten Beispiel entsteht eine eher gitterartige Wirkung. Dies unter anderem deshalb, weil alle Dreiecke in der gleichen Farbe gehalten sind. Aber auch wenn die Farbverteilung in den beiden Beispielen die gleiche ist, wirken sie ganz verschieden, weil in einem die Blöcke auf die Spitze gestellt sind.
Im fünften Beispiel sind alle Blöcke in der gleichen Richtung plaziert, im sechsten in Reihen übereinander, die abwechselnd in die eine und die andere Richtung weisen. Das ergibt wieder ganz andere Wirkungen als bei den ersten Beispielen.

1

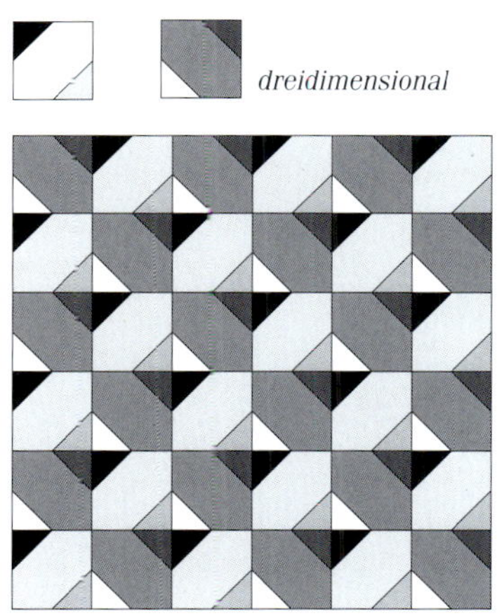

2

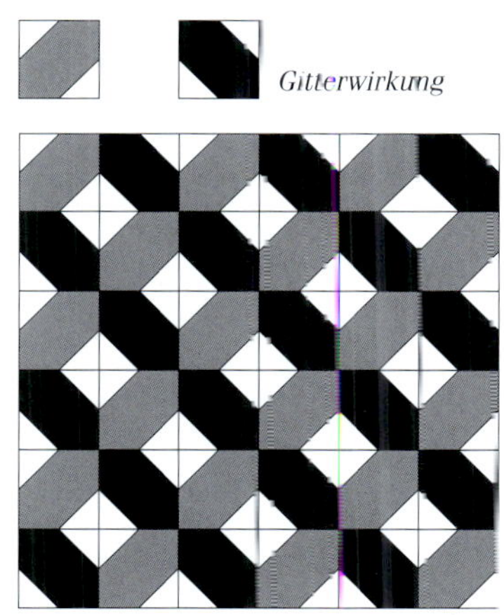

3

4

5

6

Xquisite ist rein nähtechnisch ein denkbar angenehmer Block, besonders wenn die Blöcke gerade stehend in die Decke eingearbeitet werden. Der Block besteht nur aus 2 Schablonen: einem langen Sechseck und einem Dreieck. Decken aus diesem Muster sind schnell und leicht gearbeitet.

Babydecke „*Rob Peter to pay Paul*"*

Mehrere amerikanische Muster, die auf dem Prinzip der Zusammensetzung abwechselnd positiver und negativer Blöcke aufbauen, heißen *Rob Peter to pay Paul* (Peter bestehlen, um Paul zu bezahlen), und sie bilden keine Ausnahme. Das bedeutet, daß man – abgesehen von eventuellen Einfassungen oder Rändern – sich mit zwei verschiedenen Stoffen begnügen kann.
Die Decke ist genau in der Naht mit der Maschine gequiltet und mit doppeltem Einfassungsband eingefaßt.

Größe 85 × 85 cm

Materialien für die Babydecke:

Heller Stoff für die Blöcke und Randstreifen: 65 cm
Dunkler Stoff für die Blöcke: 30 cm
Streifen für Randstreifen: 15 cm und 20 cm
Stoff für die Rückseite: 90 cm
Vlies (ich habe Baumwollvlies verwendet): 90 × 90 cm

Zuschnitt:

- 18 Stücke hell nach Schablone 1
- 18 Stücke dunkel nach Schablone 1
- 36 Stücke hell nach Schablone 2, und
- 36 Stücke dunkel nach Schablone 2.

1. Nähen Sie die Blöcke zusammen, zwei dunkle Dreiecke an ein helles Sechseck und zwei helle Dreiecke an ein dunkles Sechseck, so daß sich insgesamt 36 quadratische Blöcke ergeben. Nahtzugabe zum dunklen Stoff bügeln.
2. Nähen Sie 6 einheitliche Reihen, so daß abwechselnd ein positiver und ein negativer Block zusammengenäht werden und immer ein helles und ein dunkles Dreieck aneinanderstoßen. Alle Nahtzugaben zur gleichen Seite bügeln.
3. Drehen Sie jede zweite Reihe, so daß das Muster positiv/negativ wird, und nähen Sie die Reihen zusammen.
4. Nähen Sie die zwei schmalen Ränder und den breiten Rand an. Ich habe die beiden schmalen Ränder 1,5 cm und 2,5 cm breit genäht, und den äußeren breiten Rand 6,5 cm (Nahtzugabe nicht vergessen!).
5. Oberseite, Vlies und Rückseite zusammenheften und in der Naht mit der Maschine quilten, mit neutralem oder durchsichtigem Nähgarn.
6. Fassen Sie die Decke mit doppeltem Einfassungsband ein.

Decke für ein farbbegeistertes Baby*

Bei dieser farbenfrohe Babydecke sind die Farben genauso wie in Abbildung 2 auf Seite 23 verteilt. Die Sechsecke sind abwechselnd großgemustert und schwarz, während die Dreiecke aus verschiedenen Farben so gemacht sind, daß immer 4 verschiedene Farben aneinanderstoßen. Schwarz und Weiß sind durchgehende Farben, die auch immer am selben Platz sitzen. Beim Rest befinden sich jeweils Blau oder Grün und Rot oder Gelb in der ganzen Decke auf demselben Platz. Die Decke ist mit Randstreifen in verschiedenen Farben und einem breiten Rand dekorativ ausgestattet, außerdem mit einer Reihe farbenprächtiger *Prairie Points.*

Größe 72×84 cm

Materialien für die Babydecke:

Großgemusterter Stoff für die Blöcke: 30 cm
Dunkler Stoff für die Blöcke: 30 cm
Farbige Stoffe, zum Beispiel gelbe, rote, blaue und grüne für die Dreiecke und den mittleren Randstreifen: von jedem 15 cm.
Stoff für den breiten Randstreifen: 30 cm; und gestreifter Stoff für den schmalen Randstreifen: 15 cm
Stoff für die Rückseite: 75×90 cm
Vlies (ich habe Baumwollvlies verwendet): 75×90 cm

Zuschnitt:

- 15 großgemusterte Stücke nach Schablone 1,
- 15 schwarze Stücke nach Schablone 1,
- 15 weiße Stücke nach Schablone 2,
- 15 schwarze Stücke nach Schablone 2,
- 15 gelbrote Stücke nach Schablone 2 und
- 15 blaugrüne Stücke nach Schablone 2.

1. Nähen Sie die Blöcke zusammen, ein weißes und ein schwarzes Dreieck an jedes der großgemusterten Sechsecke und jeweils ein gelbes oder rotes und ein blaues oder grünes Dreieck an die schwarzen Sechsecke, so daß insgesamt 30 quadratische Blöcke entstehen. Nahtzugabe zum dunklen Stoff bügeln.

2. Nähen Sie 5 Reihen, immer abwechselnd einen großgemusterten und einen schwarzen Block aneinander. Achten Sie darauf, daß ein weißes oder ein schwarzes Dreieck immer an ein farbiges stößt und daß sie die gleiche Plazierung bekommen. Alle Nahtzugaben zur selben Seite bügeln.

3. Nähen Sie die Quadrate in Reihen zusammen, so daß das Muster positiv/negativ wird und daß die weißen und die schwarzen Dreiecke in der ganzen Decke die gleiche Plazierung erhalten. Nähen Sie die Reihen zusammen.

4. Nähen Sie die schmalen und den breiten Randstreifen an. Ich habe den

Quilt mit einem Randstreifen von 1,5 cm und einem von 3 cm (aus 4 verschiedenen Farben gemacht) ausgestattet. Der breite Rand ist 6 cm breit, mit verschiedenfarbigen Quadraten in den Ecken (alle Maße ohne Nahtzugabe!).

5. Nähen Sie die *Prairie Points* am Rand entlang.

6. Man kann entweder Oberseite, *Prairie Points*, Vlies und Rückseite (rechts auf rechts) steppen und wie einen Kissenbezug wenden, oder Oberseite, *Prairie Points*, Vlies und Rückseite heften. Maschinenquilt in der Naht. Danach wird der Rand mit der Hand zusammengenäht.

Prairie Points

Prairie Points sind kleine Dreiecksspitzen, die an der Kante einer Decke entlang sitzen. Hier ist die Kante als ein zusammenhängendes langes Band gemacht. Normalerweise wird es in zwei Farben gemacht. Hier habe ich aber Schwarz als durchgehende Farbe gewählt, das heißt für jede zweite Spitze, und dann abwechselnd die Farben, die in der Decke verwendet werden. Schneiden Sie 6,5 bis 7 cm breite Streifen aus schwarzem Stoff (100 cm) und 12 cm lange Stücke von allen Farben, die in der Decke verwendet werden. Die farbigen Stücke sollen insgesamt 100 cm ergeben. Legen Sie die farbigen Stücke hintereinander links auf links auf den schwarzen Streifen. Nähen Sie entlang der einen Seite (eventuell mit 1 cm Nahtzugabe). Schneiden Sie Einschnitte bis zur Naht in die farbigen Stücke und in die schwarzen Streifen in Abständen von 6 cm, aber so, daß sie gegeneinander um 3 cm versetzt sind (1). Das sollte ein Band mit „flatternden", sich versetzt gegenüberliegenden Quadraten ergeben. Falten Sie sie wie in der Abbildung (2 bis 5) gezeigt und setzen Sie eine Stecknadel in jede Spitze, so daß sie zusammenhalten. Wenn alle Spitzen gefaltet sind, hat man ein Band mit jeweils abwechselnd einer schwarzen und einer farbigen Spitze. Nähen Sie das Band ganz nahe an der Kante zusammen und bringen es dann an den Rand der Vorderseite des Quilts an.

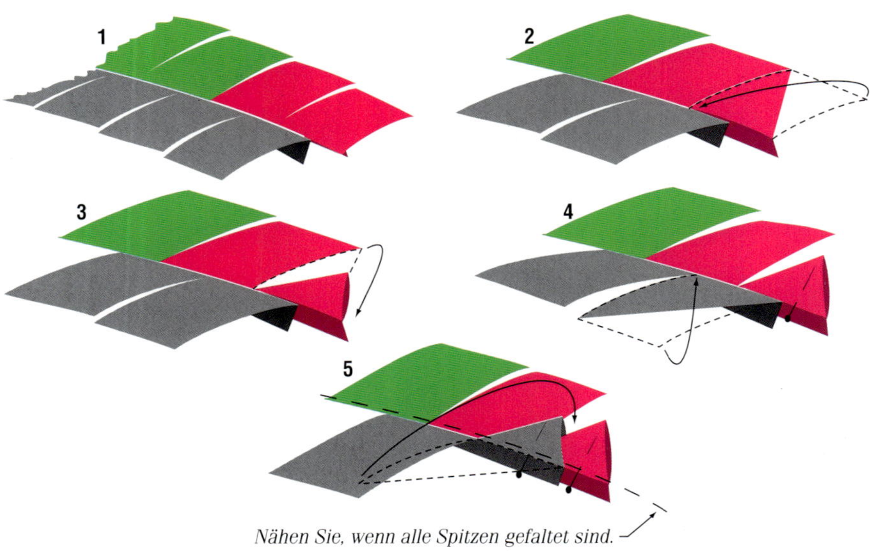

Nähen Sie die Streifen zusammen und machen Sie versetzte Einschnitte bis zur Naht (1). Falten Sie die erste Spitze (2–3) und fixiere sie mit einer Stecknadel. Die nächste Spitze wird von der gegenüberliegende Seite aus hin zur Spitze und um sie herum gefaltet (4–5). Stecken Sie eine Nadel hinein. Fahren Sie fort, bis alle Spitzen gefaltet sind. Nähen Sie dann entlang der Grundlinie der Dreiecke.

Xquisite mit verlorenen Elementen

Selbst aus einem so einfachen Block wie diesem kann man etwas machen, indem man Elemente – hier das eine Dreieck – aus dem Deckendesign entfernt („verliert"). Bei den hier gezeigten Beispielen und bei den Decken habe ich allerdings nicht nur Elemente entfernt, sondern ich habe auch die verbliebenen Dreiecke schrittweise immer mehr verkleinert. Das bedeutet, daß man mit mehreren Schablonen arbeiten muß. Trotzdem ist das Projekt durchaus zu schaffen. Wenn Sie sich dazu entschließen, die Blöcke auf die Spitze zu stellen, müssen Sie außerdem an zwei Seiten der Decke, wo die ganzen Dreiecke zur Hälfte in den Rand hinausragen würden, mit entsprechenden halben Dreiecksschablonen in unterschiedlichen Größen arbeiten (siehe die Abbildungen S. 27 Mitte).

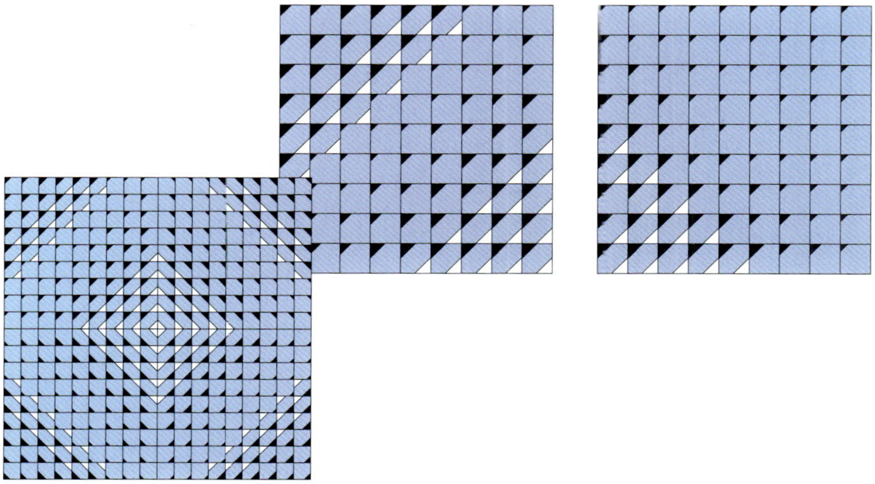

Verschiedene Kompositionsvorschläge.

Hier sind die Decken mit auf die Spitze gestellten Blöcken gezeigt, um das Verständnis für deren Aufbau zu erleichtern. Die Komposition ist auch in der kleinen schwarz-weißen Figur gezeigt. An den Kanten entlang braucht man die entsprechenden (halben) Dreiecksschablonen.

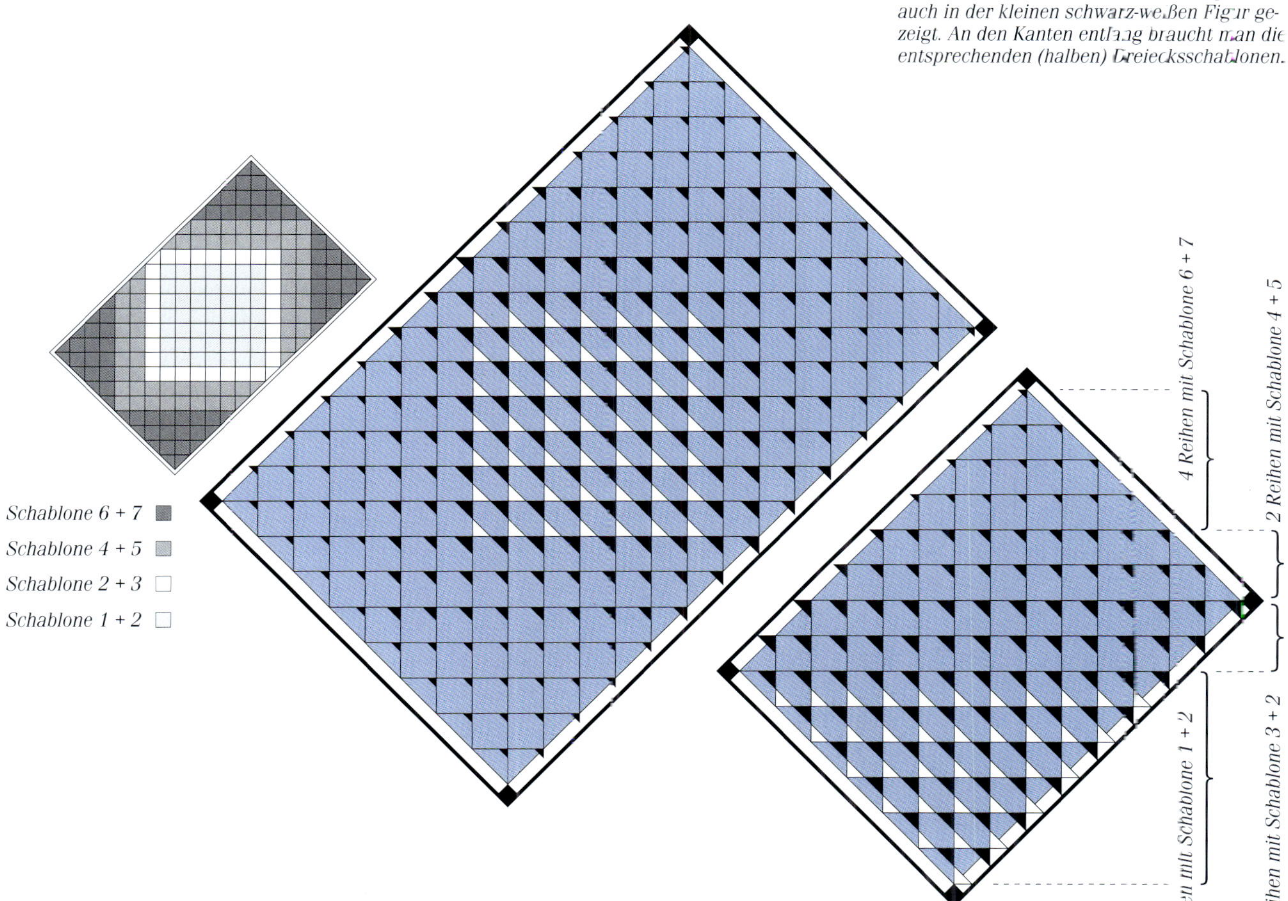

Bettdecke für ein Einzelbett und Schlummerdecke in Rot und Grau**

Hier sind die Blöcke auf die Spitze gestellt, Elemente entfernt und die verbliebenen Dreiecke schrittweise verkleinert. Das bedeutet, daß man viel mehr Schablonen braucht und daß die Blöcke in diagonalen Reihen zusammengenäht werden müssen – deshalb die zwei Sterne. Bei der Schlummerdecke ist die Deckenkomposition asymmetrisch mit Schwerpunktverlagerung in die eine Ecke ausgeführt. Die Komposition der Bettdecke dagegen ist mehr symmetrisch mit Schwerpunkt in der Mitte. Grundsätzlich besteht die Decke aus 4 verschiedenen Blöcken und den verschiedenen dreieckigen „halben“ Blöcken entlang den Kanten.

Bettdecke**

Größe 130×202 cm

Materialien für die Bettdecke:

Dunkelgrauer Stoff: 360 cm
Orangefarbener Stoff für Dreiecke und Rand: 80 cm
Weißer Stoff für Dreiecke: 20 cm
Stoff für die Rückseite: 135×210 cm
Vlies (*Warm and Natural*-Baumwollvlies): 135×210 cm

Zuschnitt in grauem Stoff:

- 49 Stücke nach Schablone 1,
- 30 Stücke nach Schablone 3,
- 60 Stücke nach Schablone 4,
- 48 Stücke nach Schablone 6,
- 8 Stücke nach Schablone 3d,
- 8 Stücke nach Schablone 6a, 6b und 6c,
- 4 Stücke nach Schablone 4a und 4b,
- 2 Stücke nach Schablone 3a und 3b,
- 8 Stücke 7 cm breite Streifen für den Randstreifen

Zuschnitt in orangefarbenem Stoff:

- 79 Stücke nach Schablone 2,
- 60 Stücke nach Schablone 5,
- 56 Stücke nach Schablone 7
- 8 Stücke nach Schablone 7a und 7b,
- 4 Stücke nach Schablone 5a und 5 b,
- 1 Stück nach Schablone 2a und 2b,
- 8 Stücke 2,5 cm breite Streifen für den schmalen Randstreifen

Zuschnitt in weißem Stoff:

- 49 Stücke nach Schablone 2

1. Nähen Sie die Blöcke zu Quadraten zusammen. Entnehmen Sie der Zeichnung auf der vorherigen Seite und dieser Abbildung, wie viele von jeder Sorte gebraucht werden. Die Schablonen, die mit 1, 1a, 1b und 3, 3a usw. beziffert sind, passen zu den Schablonen, die mit einer 2 beziffert sind. Die mit 4 passen zu denen mit 5 und die mit 6 zu denen mit 7.
2. Nähen Sie die Decke in diagonalen Reihen zusammen, wie es die Zeichnung auf der vorherigen Seite und diese Abbildung zeigen. Geben Sie allen Dreiecken die gleiche Richtung.
3. Nähen Sie die Ränder an die Decke. Hier sind das ein orangefarbener Randstreifen von 1 cm Breite und ein grauer von 6 cm Breite.
4. Heften Sie Oberseite, Vlies und Rückseite zusammen und quilten Sie die Decke. Diese hier ist in der Naht mit der Maschine gequiltet.
5. Die Decke wird mit doppeltem Einfassungsband eingefaßt.

Schlummerdecke**

Größe: 109×142 cm

Materialien für die Schlummerdecke:

Dunkelgrauer Stoff: 150 cm
Roter Stoff: 100 cm
Orangefarbener Stoff: 35 cm
Schwarzer Stoff für die Randstreifen: 30 cm
Stoff für die Rückseite: 115×150 cm
Vlies (hier ist Polyestervlies verwendet): 115×150 cm

Zuschnitt in grauem Stoff:

- 30 Stücke nach Schablone 1,
- 22 Stücke nach Schablone 3,
- 18 Stücke nach Schablone 4,
- 12 Stücke nach Schablone 6,
- 6 Stücke nach Schablone 1a, 3c und 3d,
- 4 Stücke nach Schablone 6a und
- 2 Stücke nach Schablone 3a, 3b und 4a.

Zuschnitt in rotem Stoff:

- 58 Stücke nach Schablone 2,
- 18 Stücke nach Schablone 5,
- 12 Stücke nach Schablone 7,
- 8 Stücke nach Schablone 2b,
- 4 Stücke nach Schablone 7a,
- 2 Stücke nach Schablone 2a und 5a,
- 4 Streifen à 10×80 cm und
- 2 Streifen à 10×110 cm

Zuschnitt in orangefarbenem Stoff:

- 30 Stücke nach Schablone 2; 6 Stücke nach Schablone 2a,
- 6 Streifen 2,5 cm breit in der ganze Stoffbreite.

1. Nähen Sie die Blöcke zu Quadraten zusammen. Entnehmen Sie der Zeichnung auf Seite 27 und dieser Abbildung, wie viele von jeder Art gebraucht werden. Schablonen, die mit 1, 1a, 1b und 3, 3a usw. beziffert sind, passen zu den Schablonen, die mit einer 2 beziffert sind. Die mit 4 passen zu denen mit 5 und die mit 6 zu denen mit 7.
2. Nähen Sie die Decke in diagonalen Reihen nach der Zeichnung auf Seite 27 und der Abbildung zusammen. Geben Sie allen Dreiecken die gleiche Richtung.
3. Nähen Sie die Randstreifen an die Decke. Da ist zuerst ein schmaler orangefarbener Randstreifen von 1 cm Breite, dann ein schwarzer von 2 cm und schließlich ein breiter roter Randstreifen von 9 cm Breite (Nahtzugabe nicht vergessen!). Machen Sie eventuell diagonale Ecken.
4. Heften Sie Oberseite, Vlies und Rückseite zusammen und quilten Sie die Decke. Diese hier ist mit der Maschine ca. 3 mm neben den Nähten gequiltet, und zwar mit Quiltstich, den einige Nähmaschinen haben (siehe Seite 93).
5. Die Decke wird mit doppeltem Einfassungsband eingefaßt.

Die Schablonen sind in voller Größe wiedergegeben. 1 Quadrat = 1 cm. Nahtzugaben 7,5 mm

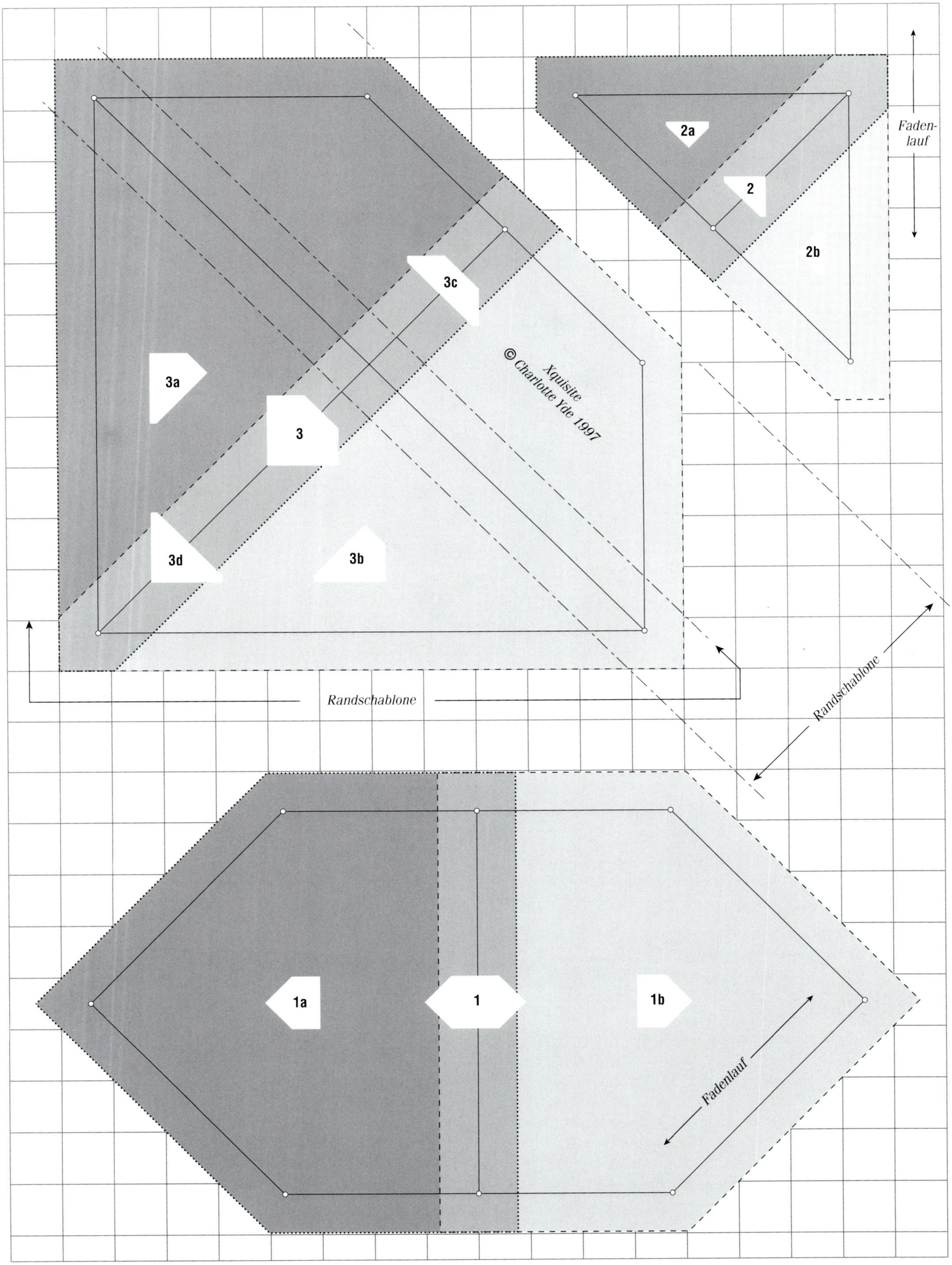

Die Schablonen sind in voller Größe wiedergegeben. 1 Quadrat = 1 cm. Nahtzugaben 7,5 mm

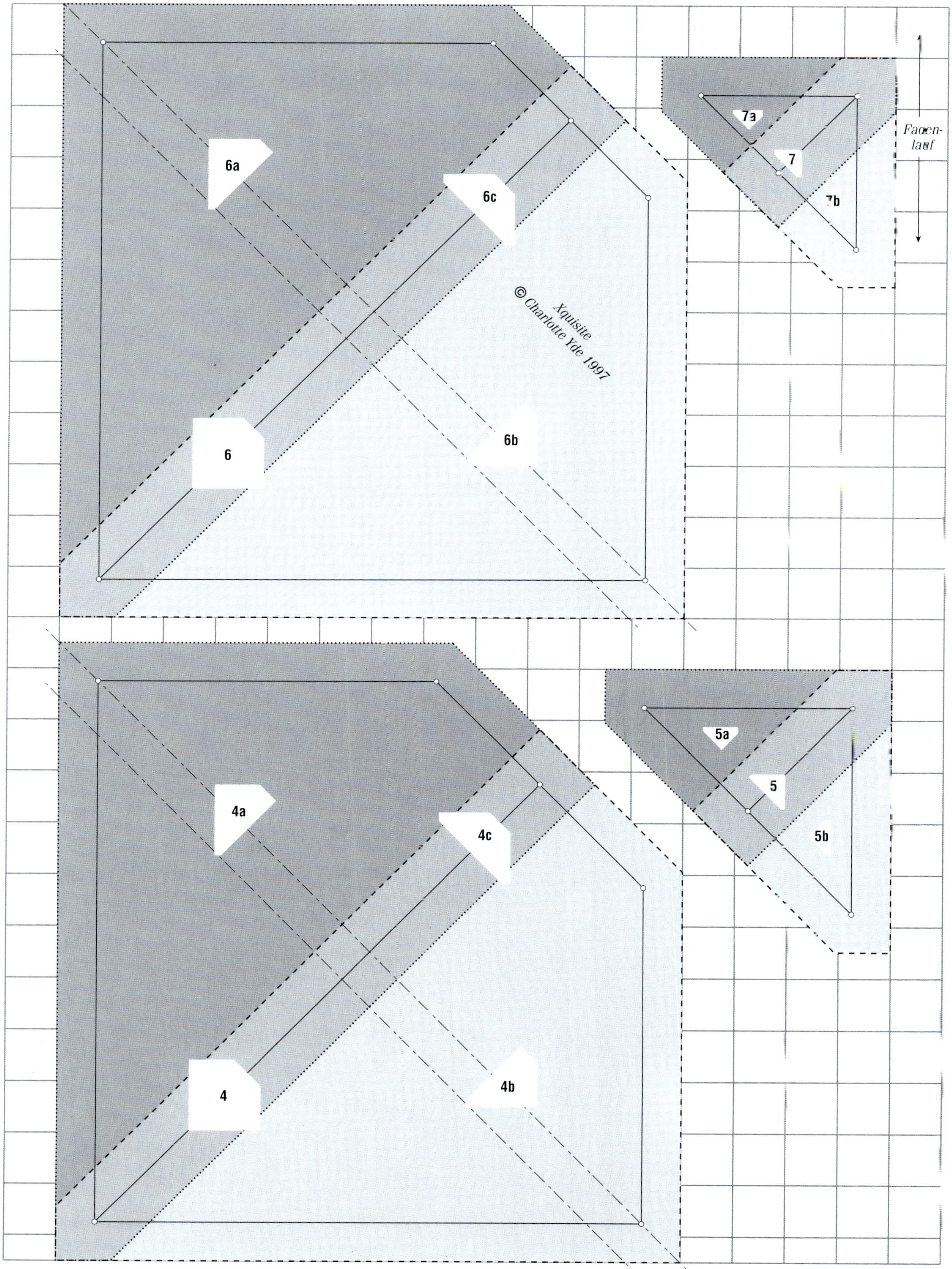

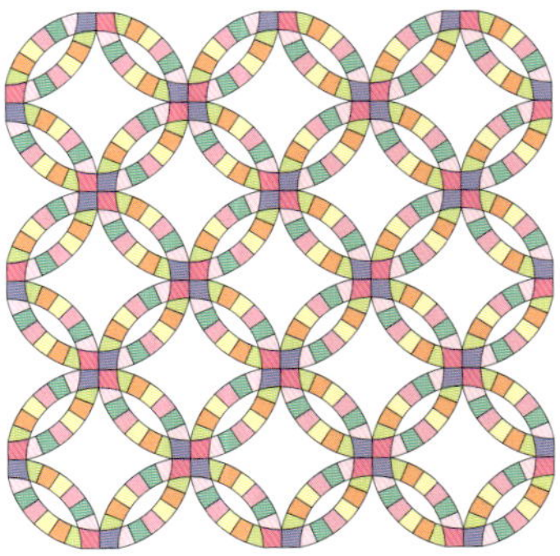

Double Wedding Ring

Variationen über ein bekanntes Thema

Der *Double Wedding Ring* ist ein bekanntes und beliebtes Muster, das aber wegen seiner kreisförmigen Linien etwas schwerer zu nähen ist. Wegen seiner Assoziationen mit Hochzeitsringen und Ehestand stellt dies ein ziemlich symbolbeladenes Muster dar. Es hat mich zu ein paar Decken und Mustern mit deutlichem Hinweis auf unsere moderne Lebensführung inspiriert, in der Familie und Partnerschaft nicht immer so einfach sind, wie sie es früher waren.
Ich habe grundsätzlich zwei verschiedene Methoden verwendet, um das Muster zu verändern. Zuerst habe ich die Ringe in quadratische Blöcke eingezeichnet, was gerade bei diesem Muster nicht so gebräuchlich ist. In der ersten Babydecke habe ich den Hintergrund, das Gitter, „verschoben", so daß die Ringe nicht mehr symmetrisch im Verhältnis zum Gitter liegen. Das ergibt in diesem Fall zwei verschiedene asymmetrische Blöcke und mehrere Möglichkeiten zur Anfertigung ganz anderer Muster.
Die zweite Methode, die ich angewandt habe, besteht darin, zuerst mehrere Elemente dem ursprünglichen Block hinzuzufügen und danach wieder einige zu entfernen, so daß neue asymmetrische Blöcke entstehen.

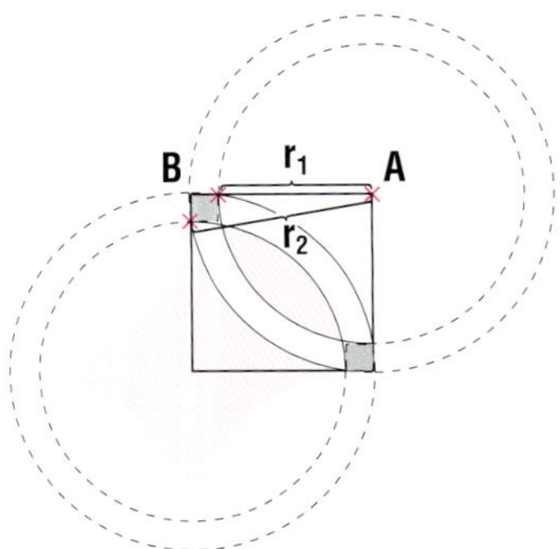

A ist Mittelpunkt der zwei Kreise, die die Ringe bilden. B ist ein kleines Quadrat, das die Stärke der Ringe bestimmt, hier ca. 1/6 des großen Quadrats. Die Radien der Kreise sind r1 beziehungsweise r2.
Die hellroten Felder sind Hintergrundfiguren des traditionellen Double Wedding Ring. Von großer Bedeutung, wie leicht oder schwer das gesamte Muster wirkt, ist die Stärke des Ringes, die von dem kleinen Quadrat bestimmt wird.

Babydecke „Gebrochene Ringe"***

Hier ist der Hintergrund im Verhältnis zu den Ringen verschoben und abwechselnd weiß und grau. Das ergibt zwei verschiedene Blöcke. Der asymmetrische Bruch der Ringe wird dazu genutzt, den Bruchstücken verschiedene Farben zu geben, wie bei einem traditionellen *Double Wedding Ring.* Die Art und Weise, wie die Ringe aufgeteilt sind, ist jedoch von der traditionellen Aufteilung weit entfernt. Die Stoffwahl und die Farben in den Ringen richten sich nach einem schönen Stück Marimekko-Stoff, das ich für den breiten Rand rund um die Decke vorgesehen hatte. Die Decke hat 3 Sterne bekommen, weil sie aus so vielen Schablonen besteht und weil ihre Teile wegen ihrer Verwendung als Babydecke so klein sind. Die Schablonen sind ohne Nahtzugabe. So kleine Figuren und Bögen sind – egal ob man mit Maschine oder Hand näht – viel angenehmer genau zu arbeiten, wenn man nach vorgezeichneten Nählinien näht, als wenn man „auf amerikanisch" in kleinen geraden Stichen mit der Hand näht. Denken Sie auch daran, Paßzeichen auf die Stoffstücke zu zeichnen.

In den ersten Beispielen ist das Gitter auf zwei unterschiedliche Arten symmetrisch im Verhältnis zu den Ringen eingezeichnet.
Im dritten Beispiel ist das Gitter verschoben, so daß zwei asymmetrische Blöcke entstehen.

Größe: 75 × 90 cm

Materialien zur Babydecke:

Weißer und grauer Stoff für den Hintergrund: 50 cm von jedem.
20 cm von mindestens 8 verschiedenen Stoffen, ich habe alle möglichen Reste verwendet.
Verschiedene Stoffe für die Randstreifen (ich habe 4 verschiedene verwendet).
Stoff für den breiten Randstreifen: 35 cm
Stoff für die Rückseite: 80 × 11 cm
Vlies (hier wird Warm and Natural-Baumwollvlies verwendet) 80 × 100 cm

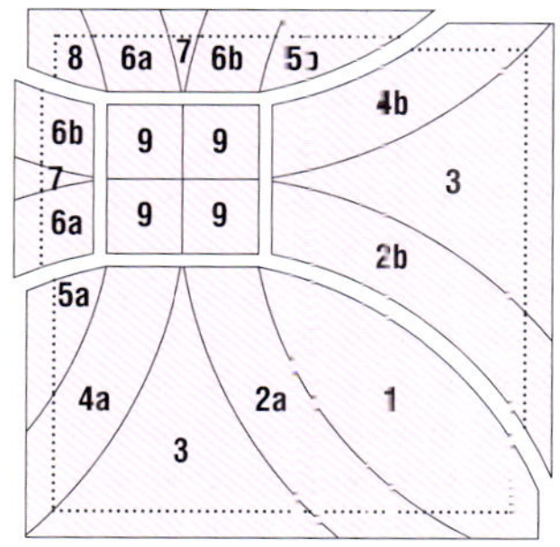

Zuschnitt in weißem Stoff:

Hintergrund für 6 Blöcke nach Schablone 1, 3, 5a und 5b, 7 und 8, das heißt:

- 6 Stücke nach Schablone 1, 5a und 5b und 8
- 12 Stücke nach Schablone 3 und 7

Zuschnitt in grauem Stoff:

Hintergrund für 6 Blöcke nach Schablone 10, 12, 15a und 15b, das heißt:

- 6 Stücke nach Schablone 10, 12, 15a und 15b

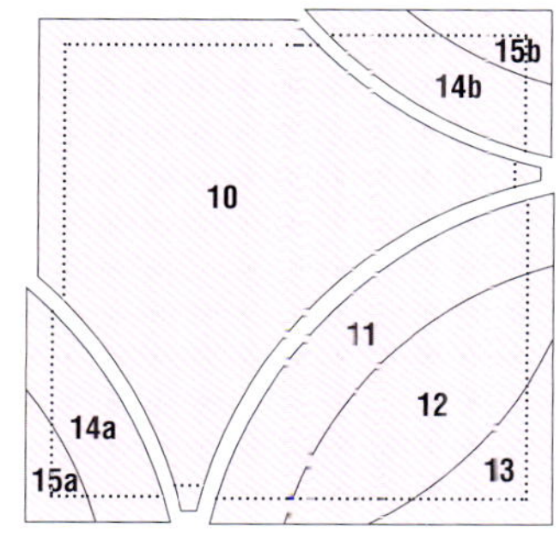

Beispiel für das Zusammennähen eines Blocks. Versuchen Sie, durchgehende Nählinien zu machen, das erleichtert die Arbeit.

Zuschnitt in farbigen Stoffen:

Ringe und Mittelquadrate in verschiedenen Farben. Ich habe bei dieser Decke kein System angewendet. Schneiden Sie eventuell die Ringe erst nach und nach im Verlauf des Nähens, so daß Sie eine passende Farbverteilung bekommen.

1. Nähen Sie die Blöcke nach Maßgabe der Abbildung zusammen. Achten Sie sorgfältig darauf, daß Nählinien und Paßzeichen aufeinander passen. Nahtzugabe unter die Ringe bügeln.
2. Legen Sie die Blöcke wie ein Schachmuster auf, so daß das passende Verhältnis zwischen den Farben entsteht. Nähen Sie die Blöcke in Reihen zusammen und nähen dann die Reihen zusammen.
3. Nähen Sie die Randstreifen an. Zuerst einen 2 cm breiten, dann einen 1 cm breiten und schließlich einen 3 cm breiten. Der schmale Randstreifen ist an zwei Seiten orange und an den zwei anderen rosa. Der breite Rand aus Marimekko-Stoff ist 7 cm breit (Nahtzugabe nicht vergessen!).
4. Heften Sie Oberseite, Vlies und Rückseite zusammen und quilten Sie die Decke. Diese hier ist zirka 3 mm neben den Nähten mit der Maschine gequiltet, und zwar mit Quiltstich, den einige Nähmaschinen haben (siehe Seite 93).
5. Fassen Sie die Decke mit doppeltem Einfassungsband ein.

Die Schablonen sind in voller Größe wiedergegeben.

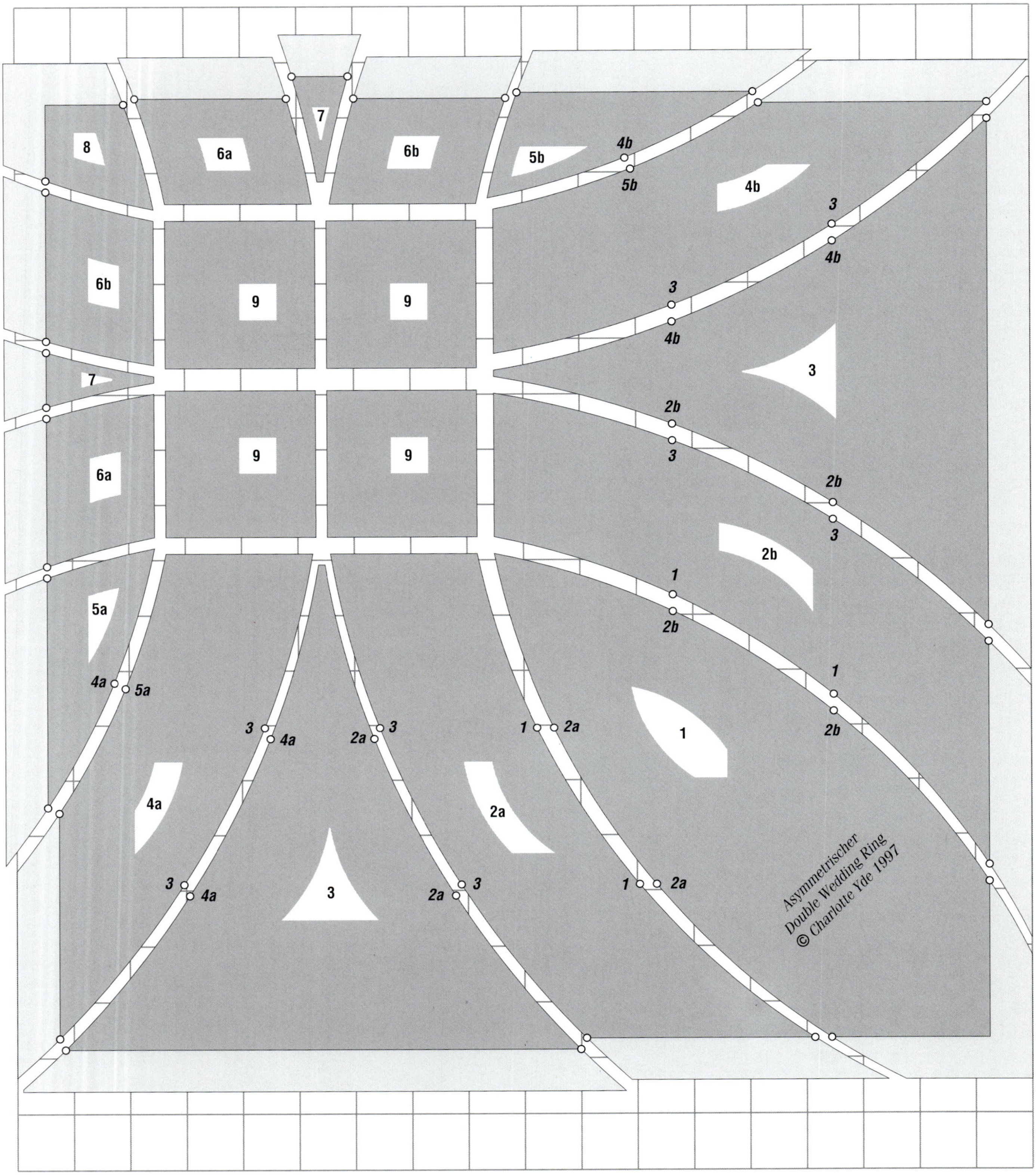

Die Nahtzugaben am Blockrand betragen 7,5 mm. Legen Sie auch an die übrigen Ränder der Schablonen Nahtzugaben (5–6 mm).

Die Zahlen neben den Paßzeichen der Schablonen geben die Nummer der Schablone an, mit der sie zusammengenäht werden müssen.

Beispiel:
Die Paßzeichen „2b“ der Schablone 1 müssen also mit den Paßzeichen „1“ der Schablone 2b zusammengesetzt werden.

Die Schablonen sind in voller Größe wiedergegeben.

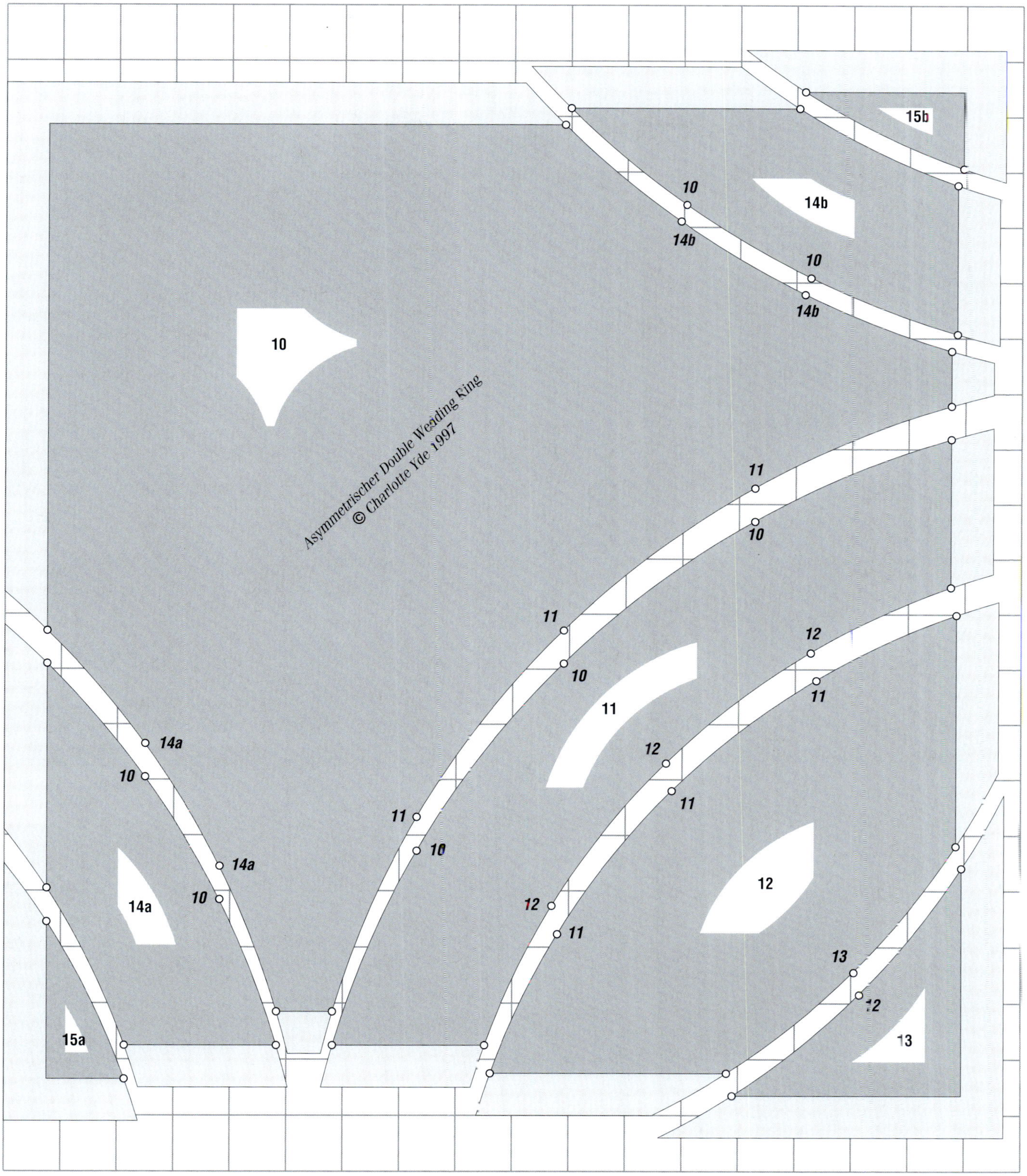

Die Nahtzugaben am Blockrand betragen 7,5 mm. Legen Sie auch an die übrigen Ränder der Schablonen Nahtzugaben (5–6 mm).

Beispiele für verschobene Raster

Es gibt andere Möglichkeiten, wenn Sie das Muster variieren wollen. Betonen Sie zum Beispiel die Schachbrettwirkung dadurch, daß Sie jeden zweiten Block deutlich heller oder dunkler machen. Spielen Sie mit einem oder mit beiden Blöcken und prüfen Sie einige Möglichkeiten innerhalb der verschiedenen Symmetrien durch. Plazieren Sie die Blöcke durcheinander in verschiedene Richtungen, und Sie bekommen ein stark gebrochenes oder fragmentiertes Resultat. Diese Decken nenne ich „Gebrochene Versprechen“ oder „Scheidung“.

„Gebrochene Versprechen“. Eine ungewöhnliche Kombination kann eine starke Komposition ergeben. Zeichnen Sie einige verschiedene Variationen durch und machen sie farbig, um zu sehen, was alles möglich ist.

Eine ruhige, einfache Komposition kann auch gut aussehen, hier eine Schachbrettkomposition.

Links sind zwei verschiedene Blöcke zu 6 Variationen zusammengesetzt. Hier ist gewöhnliche Rotationssymmetrie verwendet. Rechts und unten sind die Variationen auf unterschiedliche Weise kombiniert. Es gibt ungezählte Möglichkeiten, die dazu spannend und schön sein können.

Unten: Der gleiche Block rotiert und zusammengesetzt.

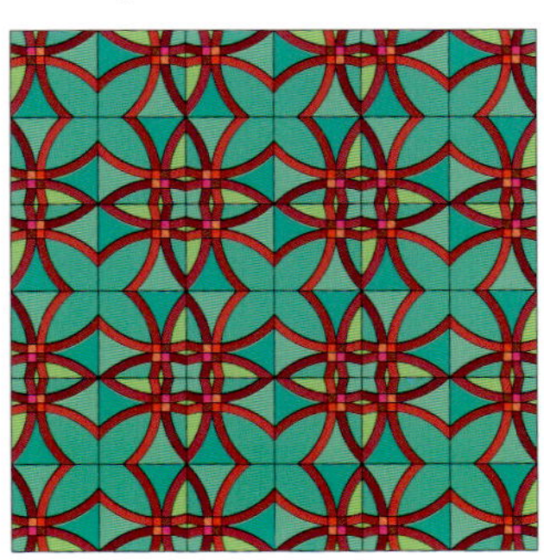

Unten: Zwei verschiedene Blöcke rotiert und kombiniert.

Mehr Ringe und verlorene Elemente

Beim *Double Wedding Ring*-Muster habe ich auch eine andere Designmethode probiert, die sich als sehr ergiebig erwiesen hat. Hier habe ich zuerst mehrere Elemente zu dem ursprünglichen Muster dazugefügt und dann einige davon wieder „verloren". Wie Sie in der Einleitung zu diesem Abschnitt lesen konnten, kann man zwei Viertelringe in ein Quadrat einzeichnen. Dadurch erhält man einen Block, der – setzt man mehrere davon zusammen – einen *Double-Wedding-Ring* bildet. Wenn Sie statt dessen 4 Viertelkreise in den Block einzeichnen, bekommen Sie ein ganz neues Muster und zusätzlich die Möglichkeit, einige der Ringe zu verlieren. Sie können so die Ringe auf verschiedene Weisen ineinander verflechten.

Das erste Beispiel, bei dem sich die Ringe symmetrisch ineinander verflechten, ist rein nähtechnisch das schwierigste. Es eignet sich am besten zum Nähen mit der Hand. Dagegen läßt sich Beispiel 2 leicht auf der Nähmaschine nähen. Selbst wenn sich die Ringe nicht so konsequent über- und untereinander im einzelnen Block verflechten, ergeben sie doch einige hübsche Muster und Effekte, wenn man die Blöcke zusammensetzt. Es gibt reichlich Möglichkeiten, sowohl symmetrische als auch asymmetrische Deckenmuster zu machen.

Oben sind die Ringe „richtig" geflochten, nämlich über- und untereinander. Das wirkt knotenartig, was durch die Verwendung relativ dicker Ringe noch zusätzlich betont wird. Hier sind in drei Stadien Elemente verloren

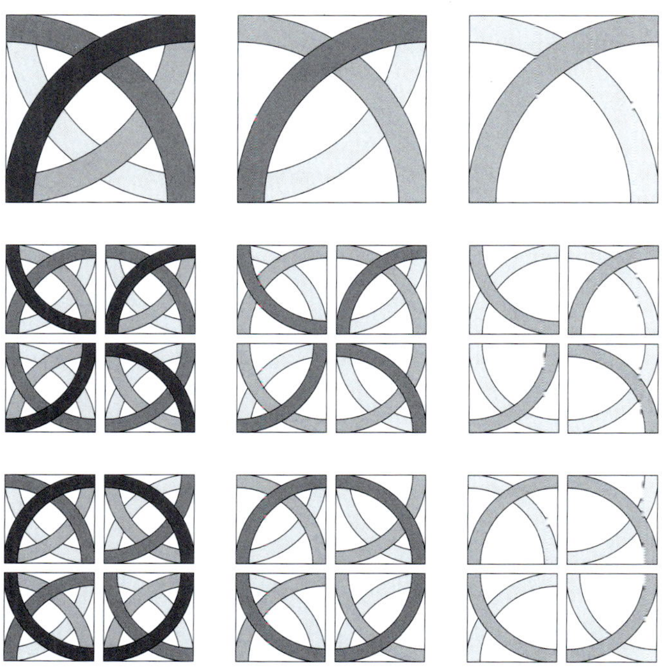

Links sind die Ringe auf eine nähtechnisch leichter ausführbare Weise geflochten. Es sind dünnere Ringe verwendet, und die Wirkung ist mehr „Schicht auf Schicht". Auch hier ist die Umformung in drei Stadien gezeigt.

Beispiele für neue Muster

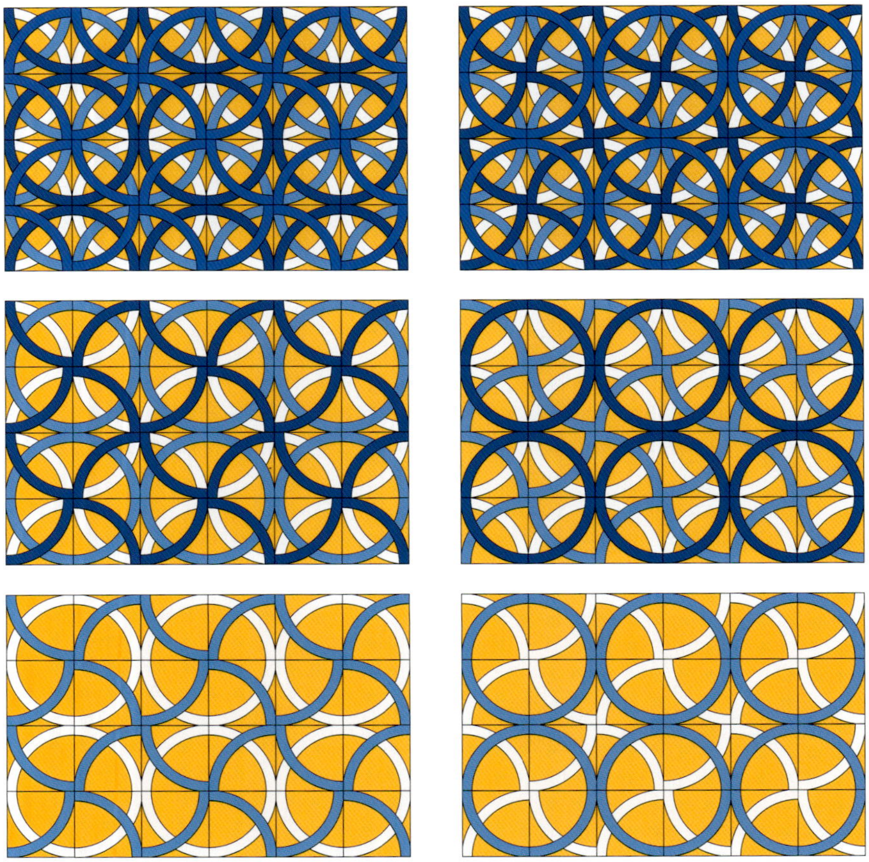

Hier sind die drei Stadien jeweils zur Bildung flächendeckender Muster verwendet. Wie man sieht, ist es nicht gleichgültig, welches Eck des Blockes als Zentrum der Rotation verwendet wird.
In einigen Fällen bilden sich Kreise, die oben liegen, während sie in anderen Fällen „innerhalb" des Musters verlaufen oder sich hinein- oder herausflechten.

Asymmetrische Komposition.

Symmetrische Kompositionen.

Familienband***

Für diese Decke werden Blöcke mit Ringen verwendet, die sich asymmetrisch ineinander verflechten. Dadurch können sie mit der Maschine genäht werden. Weil die Blöcke und damit die Bögen relativ groß sind, kann man Schablonen mit Nahtzugabe verwenden und sich darauf beschränken, Paßzeichen zu markieren. Die Teile können bündig aufeinandergelegt und genäht werden. Ich habe dennoch eine etwas kleinere Nahtzugabe als normal verwendet, nämlich 3 mm, weil es das Zusammennähen der Bögen erleichtert, ohne daß man allzu viele Stecknadeln braucht. Stecken Sie die Nadeln durch die Paßzeichen, damit Sie sicher sind, daß sich die Ringe nicht verschieben. Ich habe einen speziellen Quiltfuß von 6 mm zum Nähen der Decke verwendet, aber bei vielen Nähmaschinen kann man die Nadel auf die Seite schieben, so daß man eine passende Nahtzugabe erreicht. Die gezeigte Decke soll nur eine Vorlage zum Weiterspielen mit dem Muster sein, aber wenn Sie sie exakt nachnähen wollen, kommt hier die Anleitung.

Die Decke besteht aus insgesamt 16 Blöcken. Die 4 mittleren Blöcke haben alle 4 „Ringe". Außerdem sind Elemente verloren, so daß 8 Blöcke nur 3 Ringe und 4 Blöcke nur noch 2 Ringe haben. Wenn ich eine etwas symmetrischere Komposition hätte machen wollen, hätte ich in die Ecken Blöcke mit nur noch einem Ring gesetzt. Die Endmaße der Blöcke sind 24×24 cm.

Größe: 130×130 cm

Materialien:

Gelbe Stoffe für den Hintergrund (ich habe 5 verschiedene verwendet), im ganzen: 100 cm
Blaue Stoffe für die Ringe (ich habe 6 verschiedene verwendet), im ganzen: 200 cm.
Sie brauchen weniger, wenn Sie beim Ineinanderschieben der Schablonen besonders geschickt vorgehen.
Eventuell roten Stoff für den 2 cm breiten Randstreifen: 15 cm
Stoff für den Rand, eventuell verschiedene blaue Stoffe, mindestens: 80 cm
Stoff für die Rückseite: 135×135 cm; Vlies: 135×135 cm

Zuschnitt in gelbem Stoff, Hintergrund:

- 4 Stücke nach Schablone 12
- 12 Stücke nach Schablone 10b
- 24 Stücke nach Schablone 1
- 4 Stücke nach Schablone 4
- 12 Stücke nach Schablone 10a
- 8 Stücke nach Schablone 11
- 36 Stücke nach Schablone 3

Zuschnitt in blauem Stoff, Ringe:

- 16 Stücke nach Schablone 9
- 16 Stücke nach Schablone 7
- 16 Stücke nach Schablone 2b
- 4 Stücke nach Schablone 5
- 16 Stücke nach Schablone 8
- 12 Stücke nach Schablone 6
- 4 Stücke nach Schablone 2a

Blaue Stoffe für den breiten Rand:

Schneiden Sie die Stoffe in ca. 18 cm breite Streifen. Schneiden Sie letztere in kleinere Stücke und eventuell Streifen, die zu einem breiten Rand zusammengenäht werden. Schneiden Sie diesen zu, so daß er ca. 16 cm breit wird.

1. Nähen Sie die Blöcke nach den Angaben der Abbildung zusammen. Achten Sie darauf, daß die Paßzeichen ganz genau aneinander stoßen. Bügeln Sie eventuell die Nahtzugaben unter die Ringe und schneiden Sie nach Bedarf eine kleine Kerbe in die Nahtzugabe des Hintergrundes, wo die Ringe in den Rand hinaus gehen.
2. Verteilen Sie die Blöcke so, daß ein spannungsgeladenes oder ein harmonisches Muster entsteht, und nähen Sie sie in Reihen zusammen. Nähen Sie danach die Reihen zusammen.
3. Nähen Sie die Ränder an. Da sind zuerst ein 2 cm breiter roter Rand und dann ein breiter Rand von 16 cm, zusammengenäht aus Streifen und Vierecken der blauen Stoffe.
4. Heften Sie Oberseite, Vlies und Rückseite zusammen und quilten die Decke. Diese ist ca. 3 mm neben den Nähten mit einer Maschine mit Quiltstich genäht, den einige Maschinen haben (siehe Seite 93).
5. Fassen Sie die Decke mit doppeltem Einfassungsband ein.

Der einzelne Block wird aus Elementen zusammengenäht, die logische Nählinien ergeben. Hier sind drei Möglichkeiten gezeigt.

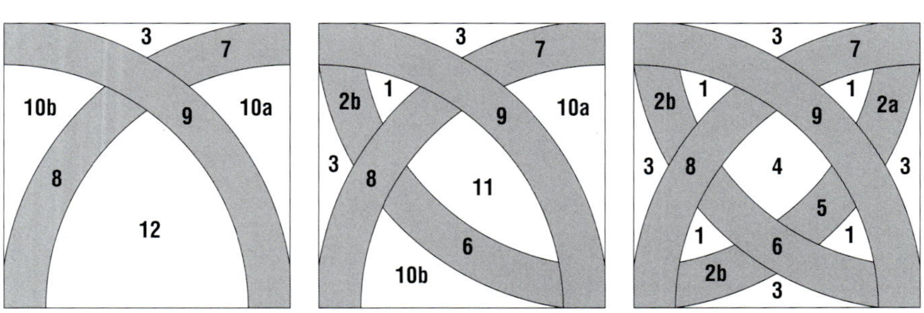

Übersicht über die Nummern der Schablonen in den Blöcken.

Die Schablonen sind in voller Größe wiedergegeben. 1 Quadrat = 1 cm. Achten Sie auf 6 mm Nahtzugabe.

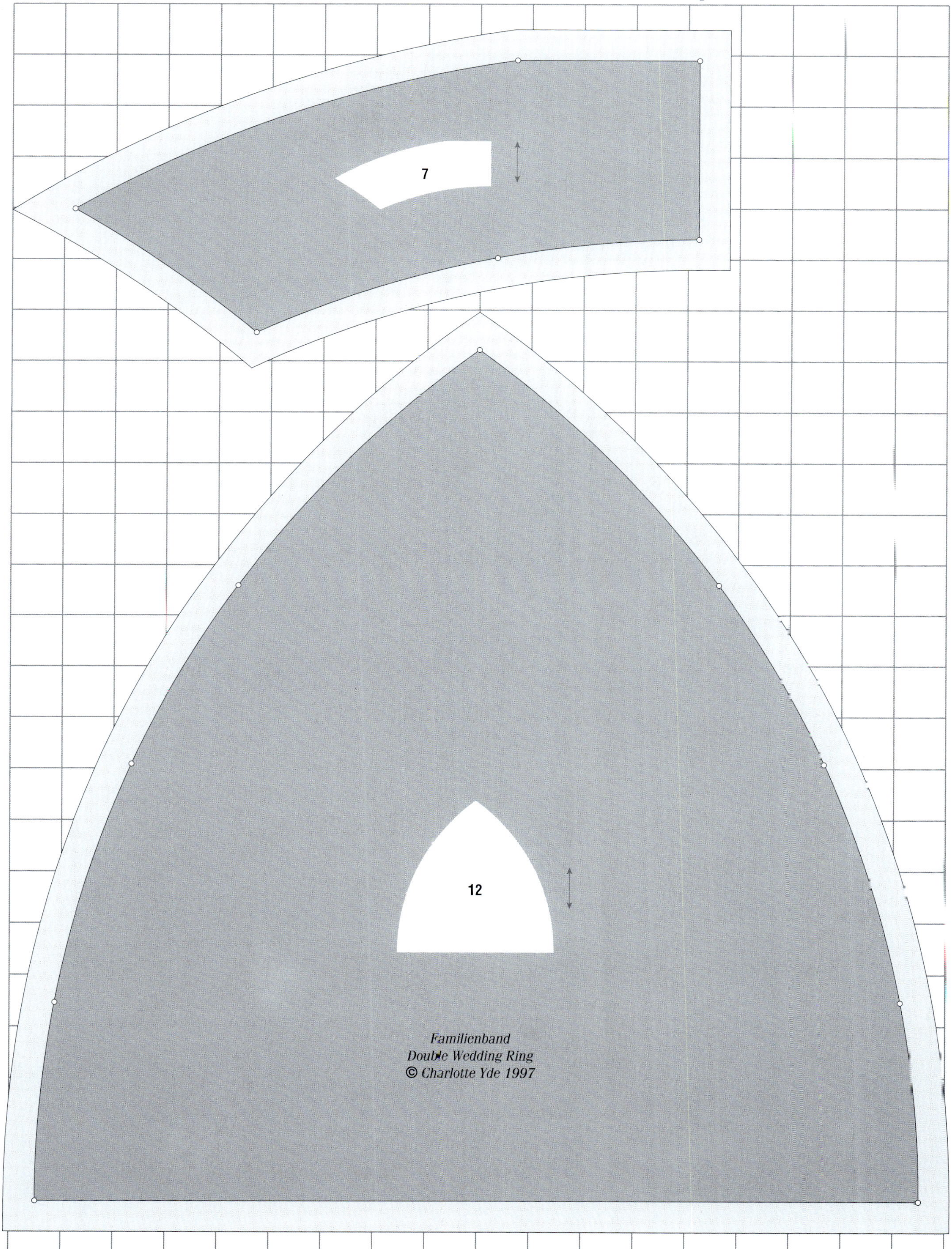

Die Schablonen sind in voller Größe wiedergegeben. Ein Quadrat = 1 cm. Achten Sie auf 6 mm Nahtzugabe.

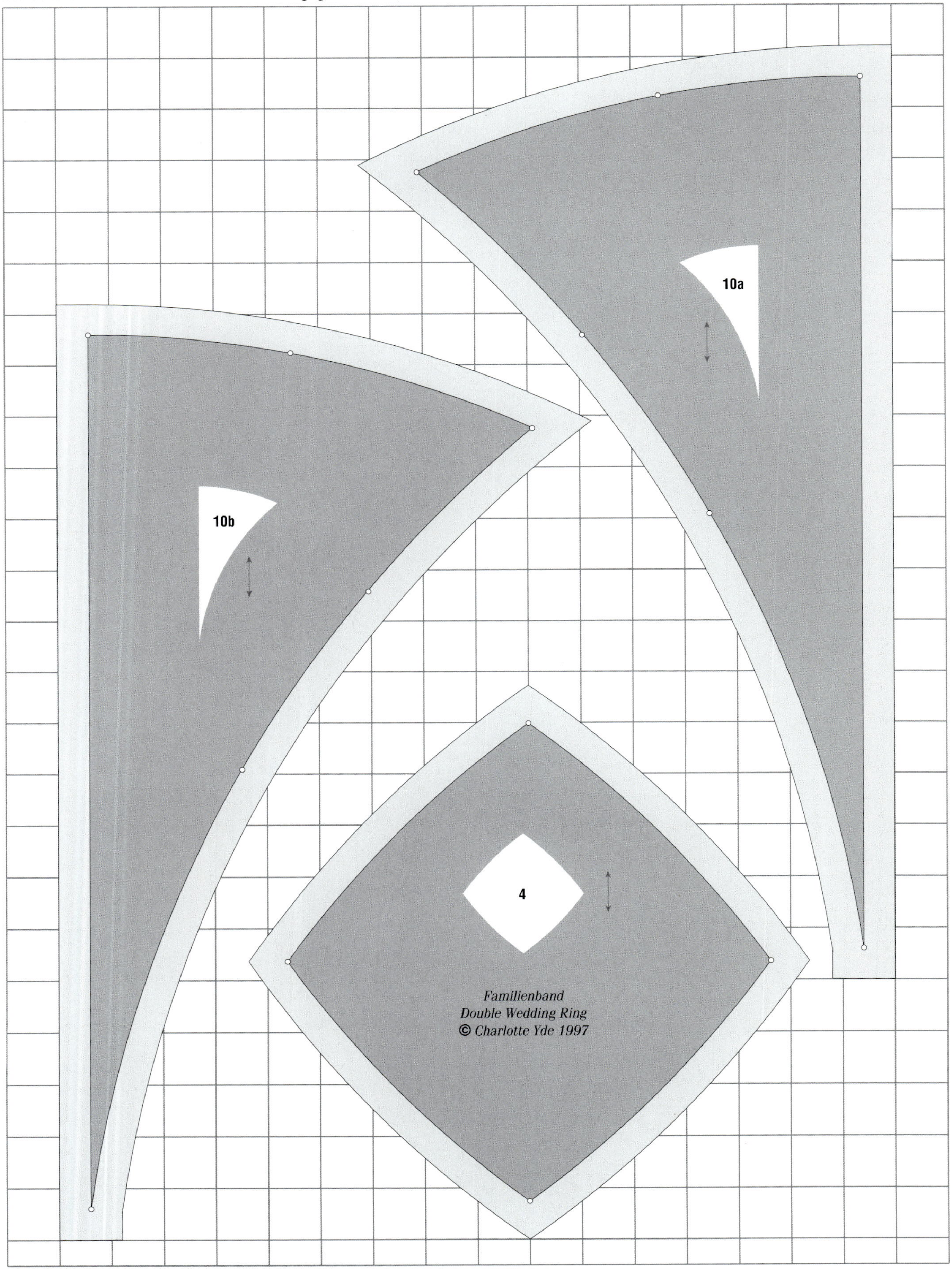

Die Schablonen sind in voller Größe wiedergegeben. 1 Quadrat = 1 cm. Achten Sie auf 6 mm Nahtzugabe.

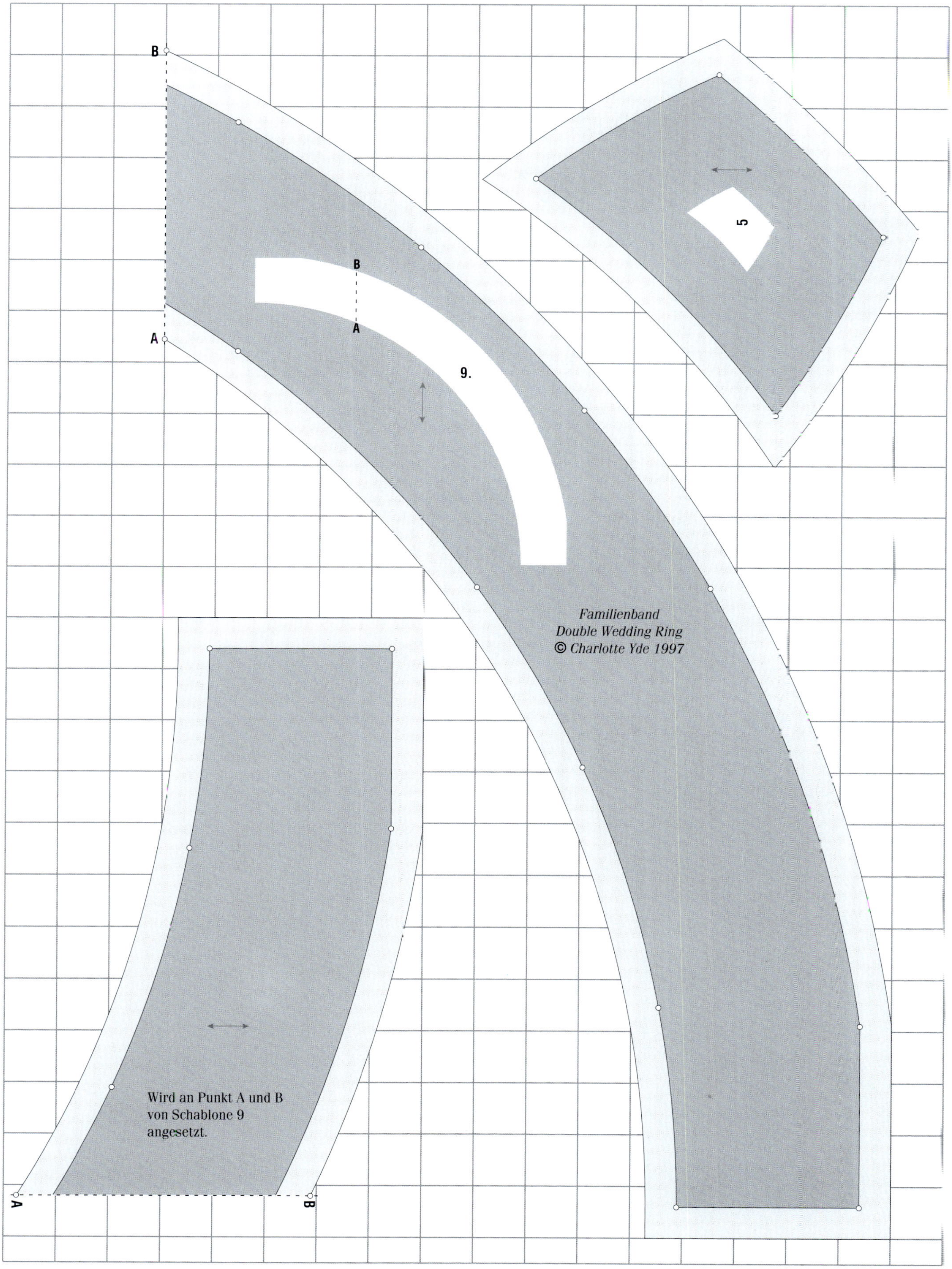

Die Schablonen sind in voller Größe wiedergegeben. 1 Quadrat = 1 cm. Achten Sie auf 6 mm Nahtzugabe.

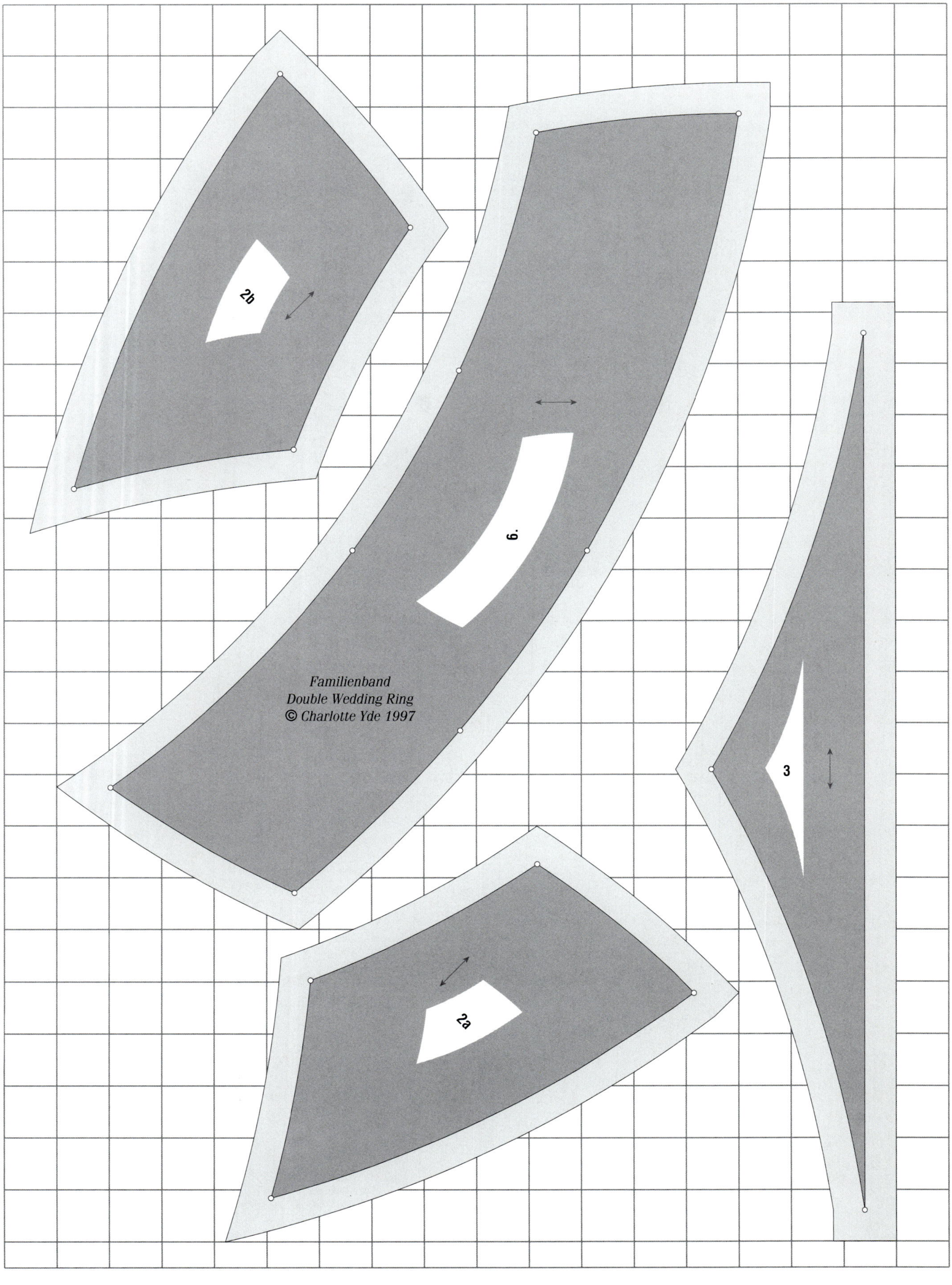

Die Schablonen sind in voller Größe wiedergegeben. 1 Quadrat = 1 cm. Achten Sie auf 6 mm Nahtzugabe.

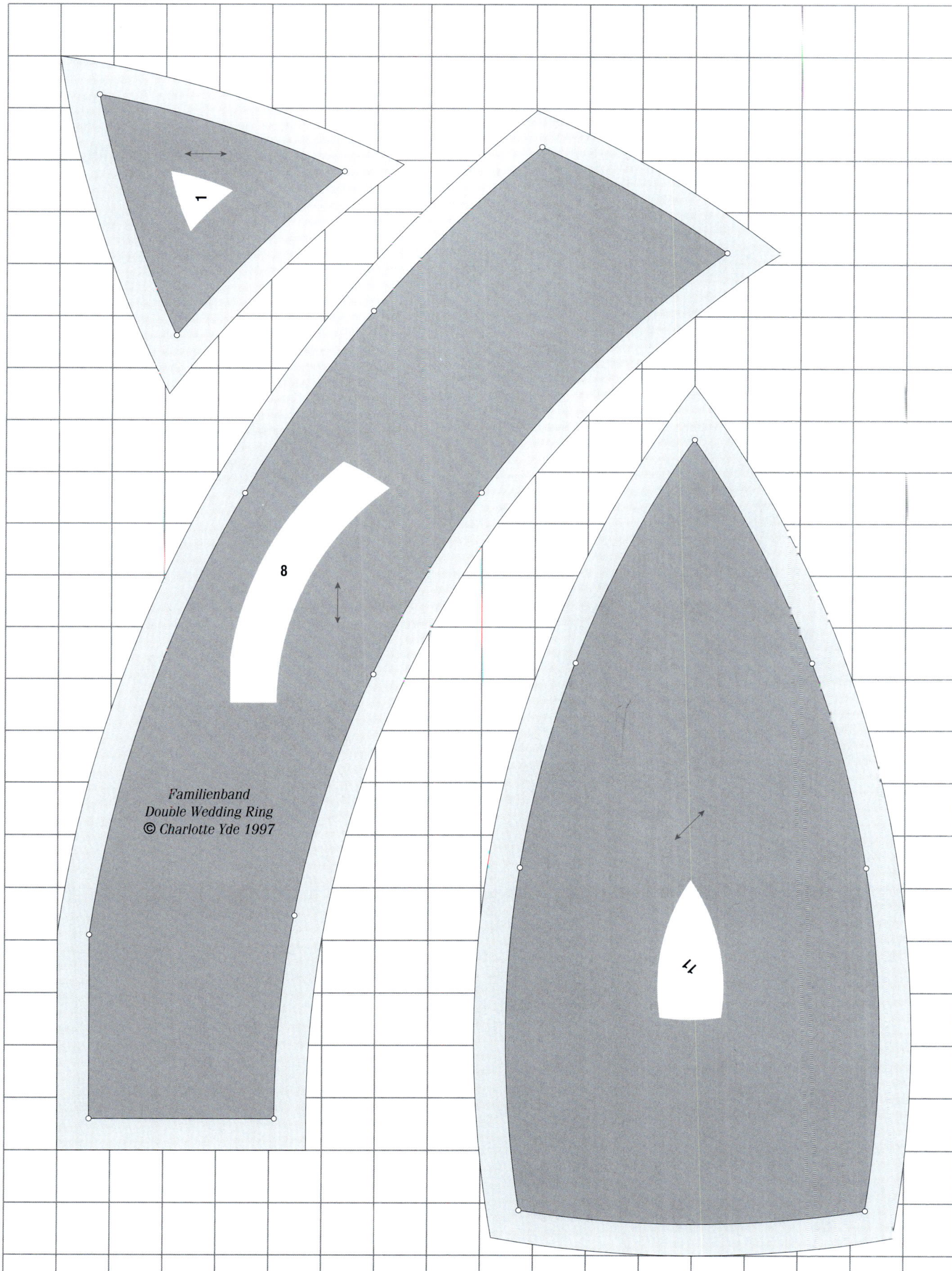

Schattenmuster

Wenn Sie gern mit traditionellen Blöcken arbeiten, ist diese Methode sehr geeignet. Ich habe sie vor einigen Jahren entdeckt, als ich mit traditionellen Blöcken herumspielte. Ich hatte verschiedene Blöcke auf dünnes Papier gezeichnet, um zu sehen, was geschieht, wenn man sie übereinanderlegt und gegeneinander verschiebt, umkehrt oder dreht. Auf diese Weise entstanden neue aufregende Muster. Besonders interessant wirkte es, als ich die Blöcke etwas gegeneinander verschoben auslegte. Dabei entstand eine Art Schatten, als ob das Blockmotiv schweben und auf den Hintergrund Schatten werfen würde, und ich beschloß, in dieser Art weiterzuarbeiten.

Wenn Sie mit Schattenmustern arbeiten, achten Sie darauf, daß die Farbe des Hintergrundes immer dunkler sein muß. Die Farbe des Motivs hat nichts mit der Farbe des Schattens zu tun.

Schattenwirkungen

In der Übersicht sieht man, was geschieht, wenn man einen *Double X*-Block in verschiedene Richtungen verschiebt. Es wird deutlich, daß es nicht gleichgültig ist, wie man den Block im Verhältnis zu sich selbst verschiebt. Einige Schattenmuster sehen spannungsgeladener und lebhafter aus als andere. Muster mit wenigen Linien wirken

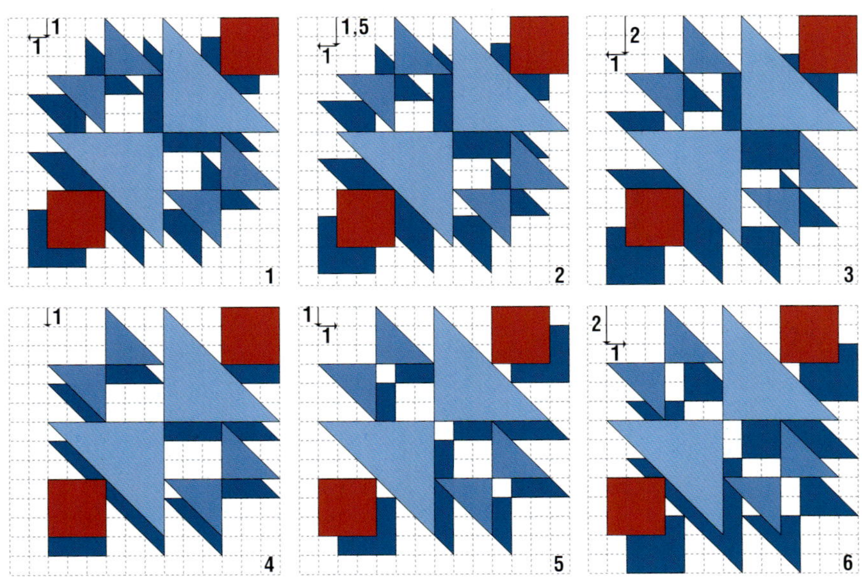

normalerweise weniger interessant, sind aber leichter zu nähen, weil sie nicht so viele und unterschiedliche Schablonen erfordern. Wägen Sie ab, ob Sie es beim Nähen lieber leichter haben wollen und dafür ein weniger interessantes Muster bekommen, oder ob Sie keine Anstrengung scheuen und auf Wirkung bedacht sind.

Wenn Sie mit diesem Typ Muster spielen wollen, können Sie zum Beispiel den Block jeweils auf ein kariertes und auf ein dünnes Transparentpapier zeichnen. Beobachten sie, was passiert, wenn Sie den oberen Block über dem darunter liegenden Karo verschieben. Die kleinen Pfeile in der Abbildung auf der vorigen Seite zeigen das Verfahren. Probieren Sie es mit verschiedenen Blöcken und schauen Sie, was passiert. Sie werden schnell herausfinden, daß einfache Blöcke am besten funktionieren und daß es mit Blöcken, die nicht um die beiden Mittelachsen oder Diagonalachsen symmetrisch sind, mehr Möglichkeiten gibt.

Transparente Illusionen

Sie können diese Methode auch zur Herstellung von Mustern anwenden, die so aussehen, als ob sie transparent wären, also aus durchsichtigen Materialien gemacht. Arbeiten Sie in der gleichen Methode wie bei den Schattenmustern, aber wenn Sie die Illusion von Transparenz erreichen wollen, müssen alle Figuren, die dort entstehen, wo die Motive der beiden Blöcke übereinander liegen, eine dritte Farbe haben. Hier ist ein wenig Kenntnis der Farbenlehre von großem Vorteil. Wenn Sie zum Beispiel ein rotes Motiv über ein blaues legen ist dort, wo sich die beiden Motive überlappen, die Farbe violett.

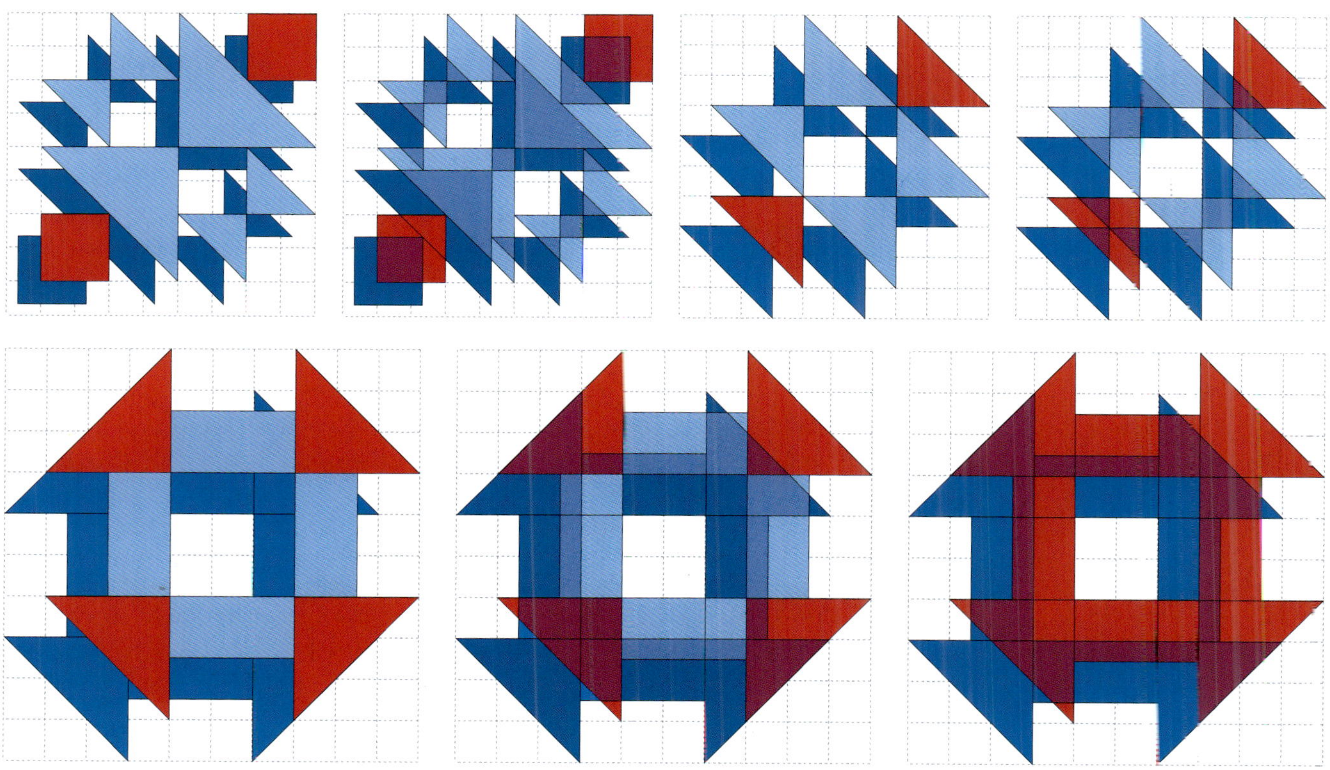

Arbeiten Sie selbständig mit anderen Blöcken und Farbwirkungen weiter, und schauen Sie, was passiert. Transparente Muster sind etwas arbeitsaufwendiger als Schattenmuster, weil man noch mehr Schablonen braucht und mehr Teile zusammennähen muß.

Decke mit Schattenmuster ***

Diese Decke kann, je nach Stoffwahl, eine sehr traditionelle Prägung erhalten; trotzdem ist man verblüfft über die Schatten- und Flimmereffekte. Wenn diese Arbeit drei Sterne bekommen hat, dann nicht deshalb, weil sie rein nähtechnisch schwierig ist. Sie können immer gerade, durchgehende Nählinien verwenden; aber weil das Muster aus so vielen verschiedenen, zum Teil spiegelverkehrten Teilen besteht, sollten Sie beim Zuschneiden und beim Nähen der Blöcke an nichts anderes denken. Ich habe für den gesamten Hintergrund den gleichen Stoff und für die Schatten durchgehend hellblauen Stoff, für die Motivteile selbst aber unterschiedliche Stoffe verwendet.

Größe: 173 × 218 cm

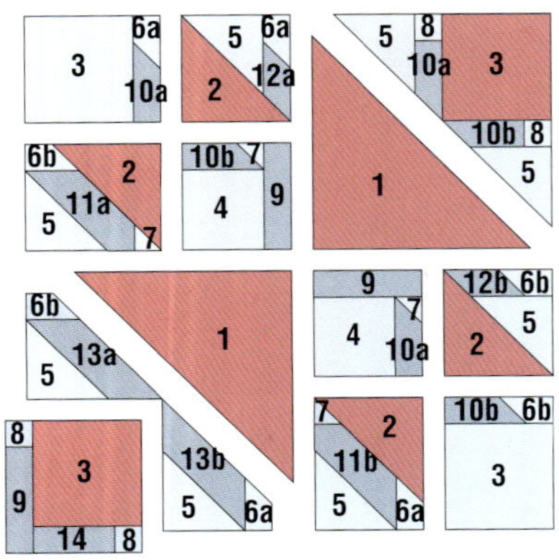

Materialien:

Stoff für die Motivteile insgesamt (ich habe mehrere verschiedene dunkelblaue Stoffe und zwei rote für die Decke verwendet): 150 cm
Heller Stoff für den Hintergrund: 185 cm
Hellblauer Stoff für die Schatten: 110 cm
Stoff für die schmalen Randstreifen, rot und blaugestreift: von jedem 25–35 cm
Stoff für den breiten Rand: kommt auf das Stoffmuster an, Randbreite 14,5 cm
Stoff für die Rückseite: 175 × 220 cm
Vlies (Baumwollvlies) : 175 × 220 cm

Zuschnitt in dunkelblauem Stoff:

- 24 Stücke nach Schablone 1
- 48 Stücke nach Schablone 2
- 24 Stücke nach Schablone 3 (ich habe die Hälfte davon in Rot genommen)

Zuschnitt in hellem Stoff:

- 24 Stücke nach Schablone 3
- 48 Stücke nach Schablone 6a und 6b
- 24 Stücke nach Schablone 4
- 48 Stücke nach Schablone 7
- 96 Stücke nach Schablone 5
- 48 Stücke nach Schablone 8
- 8 Streifen, 4 cm breit, um sie um die 12 zusammengenähten Blöcke herum zu nähen

Zuschnitt in hellblauem Stoff:

- 36 Stücke nach Schablone 9
- 12 Stücke nach Schablone 12a und 12b
- 36 Stücke nach Schablone 10a und 10b
- 12 Stücke nach Schablone 13a und 13b
- 12 Stücke nach Schablone 11a und 11b
- 12 Stücke nach Schablone 14
- 4 Streifen, 4 cm breit, für zwei Seiten der Decke vor den anderen Rändern

Nähen Sie die Decke, um sie im Griff zu behalten, in dieser Reihenfolge zusammen.

1. Nähen Sie die Blöcke nach der Abbildung in Sektionen zusammen. Beachten Sie, daß keine der Sektionen einheitlich ist. Bügeln Sie soweit möglich die Nahtzugabe unter das Motiv und die Schatten und weg vom hellen Hintergrund.
2. Legen Sie die Blöcke so, daß die Schatten in dieselbe Richtung weisen. Wenn für die Blöcke verschiedene Stoffe verwendet werden, muß man sie vielleicht etwas hin- und herschieben, bis eine gute Balance zwischen Stoffen und Farben erreicht ist. Nähen Sie sie in Reihen zusammen und die Reihen aneinander.
3. Nähen Sie die Ränder an. Beginnen Sie damit, einen 2,5 cm schmalen hellen Randstreifen aus demselben Stoff wie dem des Hintergrundes rundherum anzunähen. Dann können Sie an zwei Seiten der Oberseite einen 2,5 cm breiten hellblauen Randstreifen annähen, der die Schattenwirkung verstärkt. Anschließend kommen ein 2 cm breiter roter und ein 3,5 cm breiter blaugestreifter Randstreifen, zuletzt ein breiter Rand von 14,5 cm (Nahtzugabe nicht vergessen!)
4. Heften Sie Oberseite, Vlies und Rückseite zusammen oder halten Sie sie mit einer großen Anzahl (mindestens 200!!) Sicherheitsnadeln zusammen und quilten Sie die Decke. Sie ist maschinengequiltet, teils in der Naht, teils freihändig ohne Transporteur und mit Stopffuß (siehe Seite 94). Es wurden 4 Rollen Mettler-Quiltfaden gebraucht (ca. 600 m).
5. Fassen Sie die Decke mit doppeltem Einfassungsband ein.

Die Schablonen sind in voller Größe wiedergegeben. 1 Quadrat = 1 cm

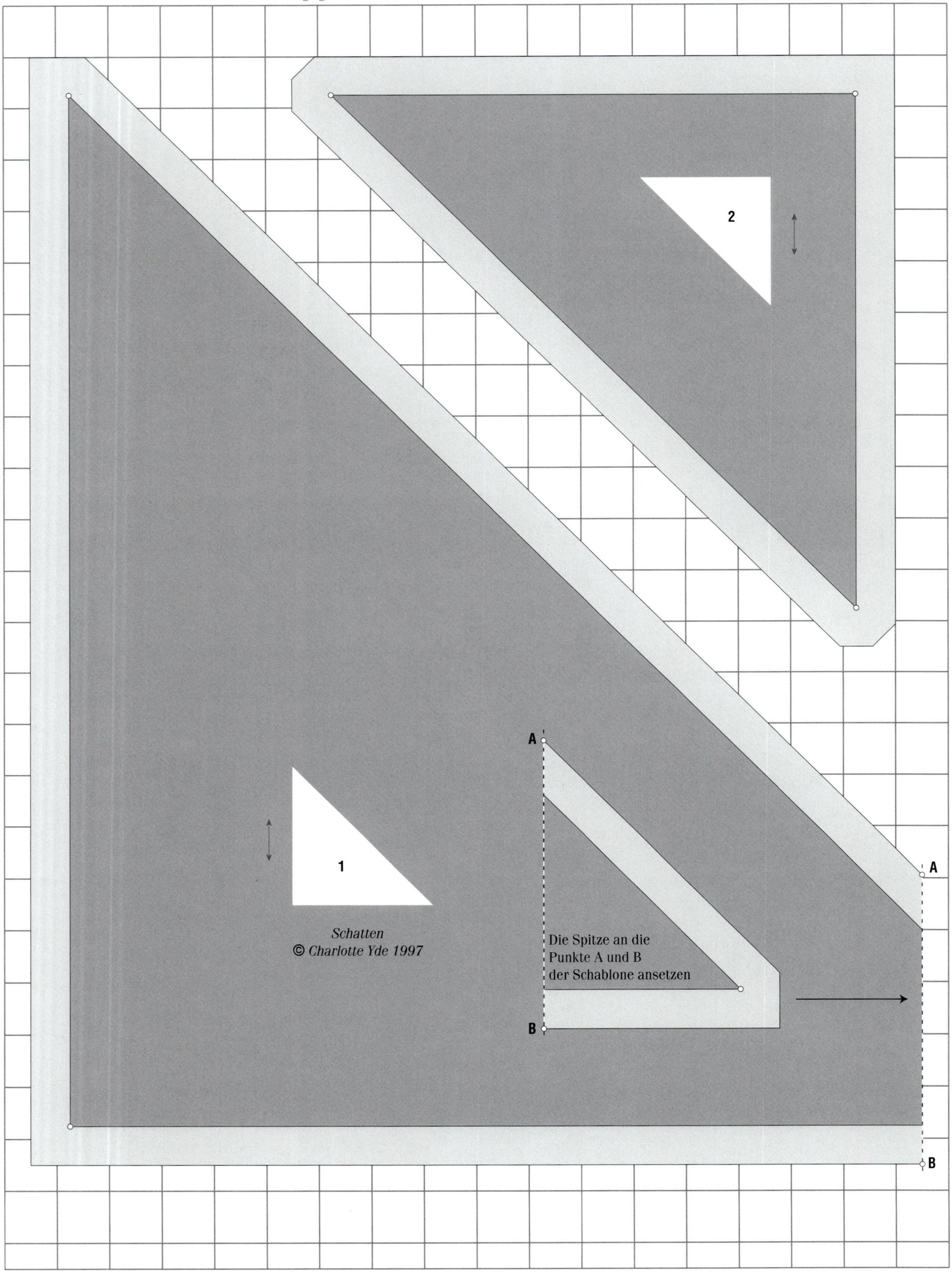

Die Schablonen sind in voller Größe wiedergegeben. 1 Quadrat = 1 cm

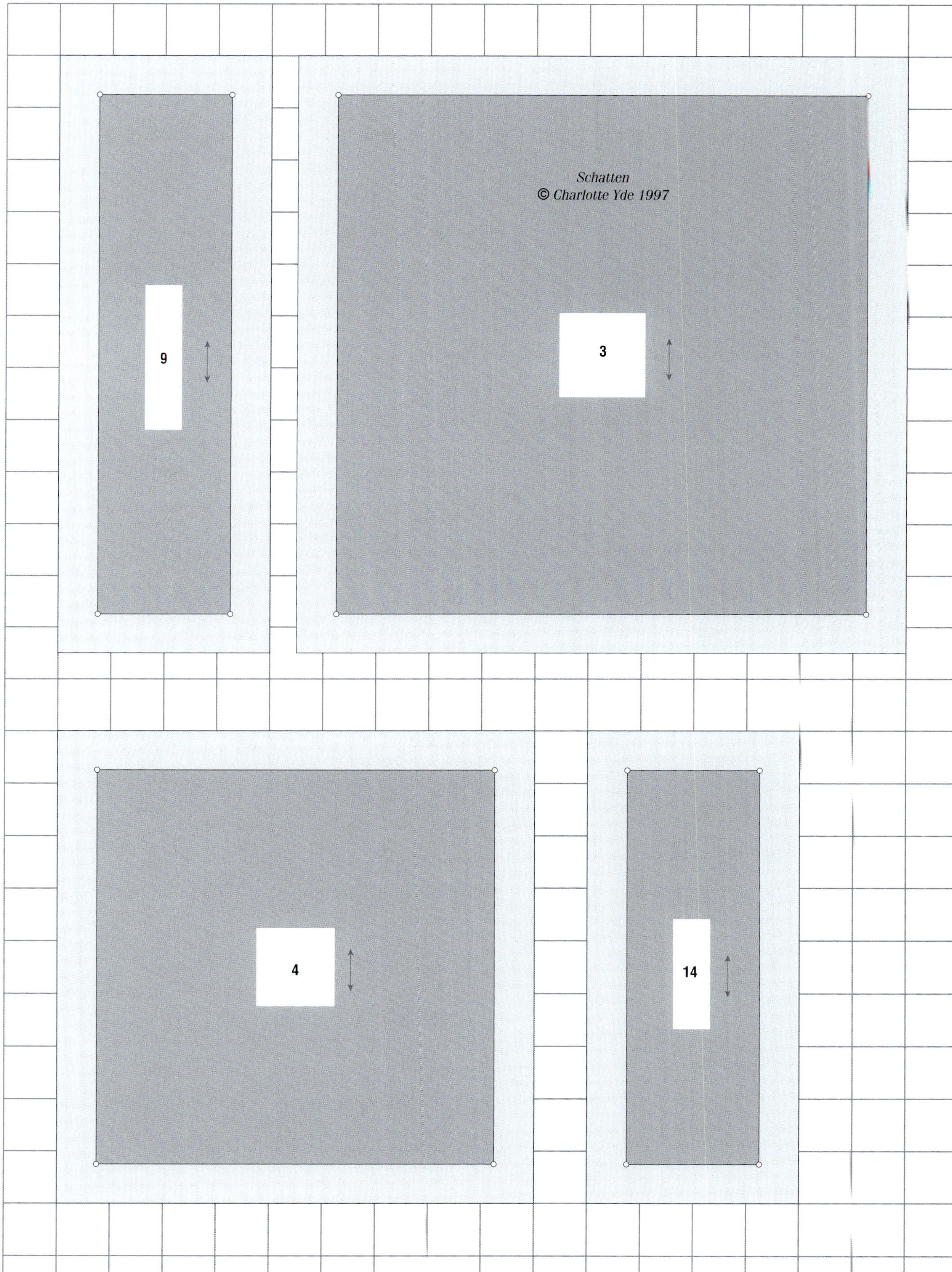

Die Schablonen sind in voller Größe wiedergegeben. 1 Quadrat = 1 cm

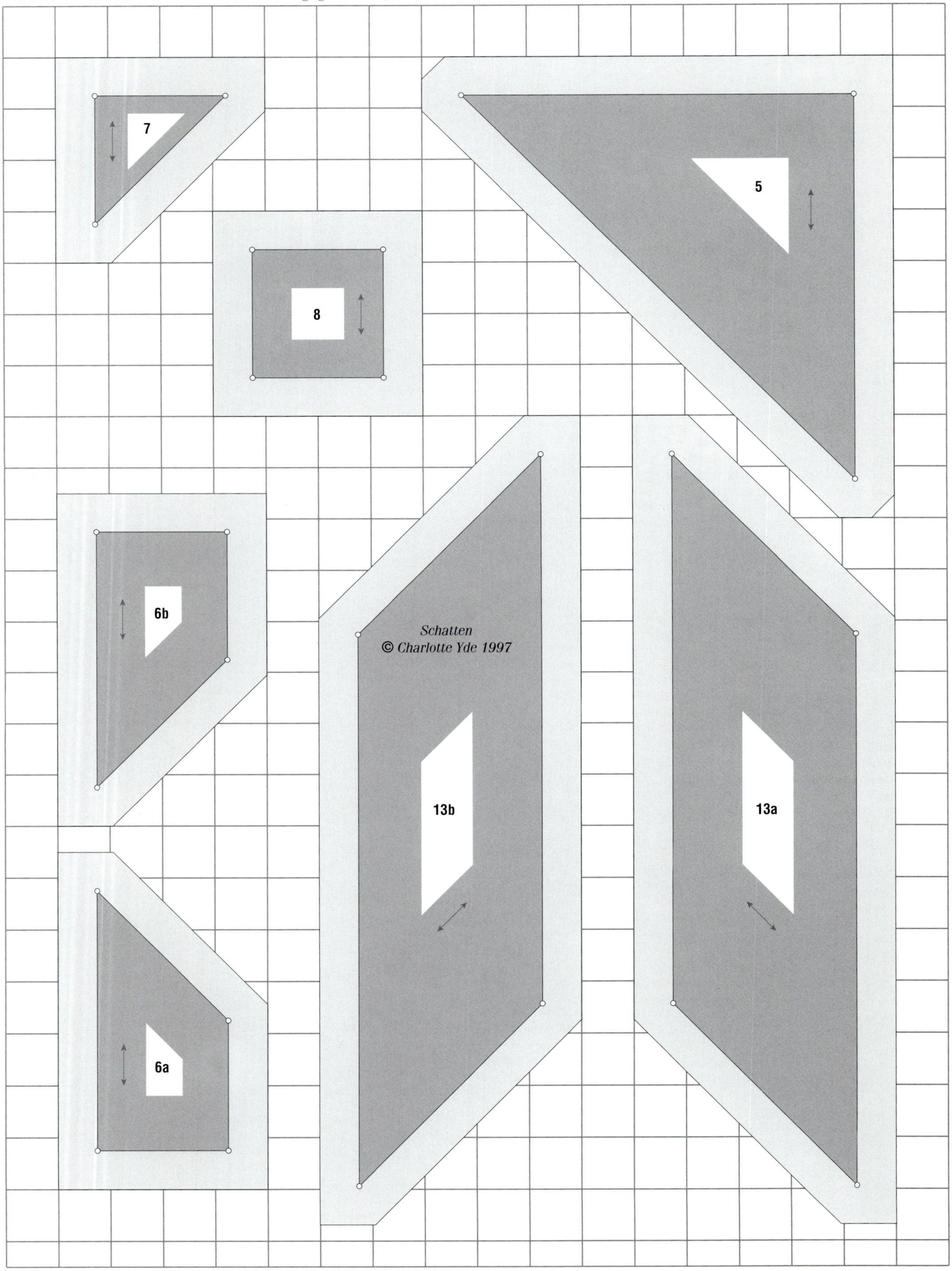

Die Schablonen sind in voller Größe wiedergegeben. 1 Quadrat = 1 cm

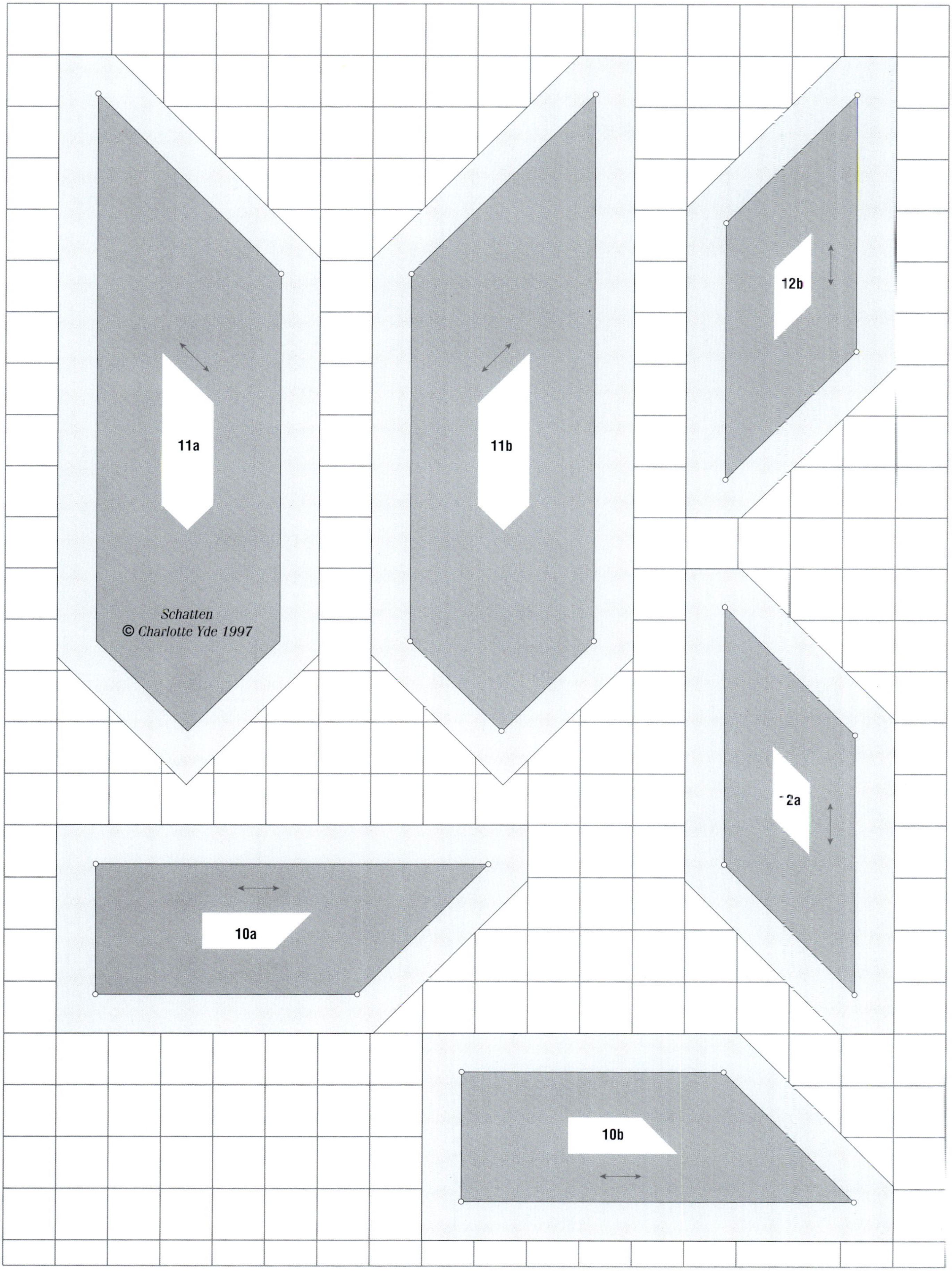

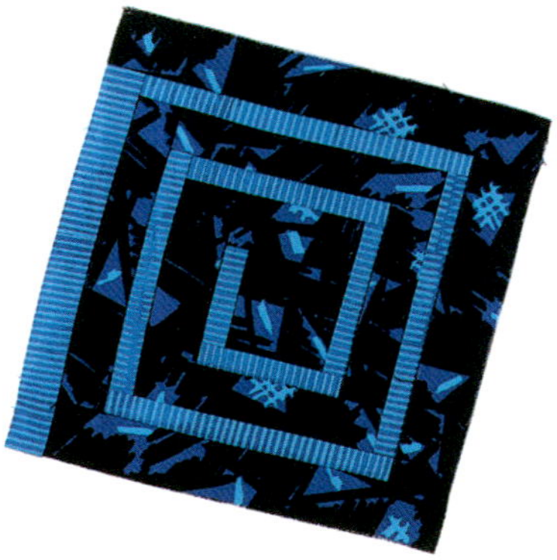

Log Cabin

Über *Log Cabin* sind schon dicke Bücher geschrieben worden; trotzdem bekam ich Lust, mit diesem Muster zu spielen, das seit jeher zu den populärsten gehört. Obwohl es nur aus Streifen besteht, die im Umlauf um ein Viereck herum genäht werden, birgt es unerschöpfliche Möglichkeiten. Beliebt ist es einerseits wegen seiner nostalgischen Anklänge an die Blockhütte in der Prärie (oder in den Wäldern Schwedens), andererseits wegen des stark abstrakten Charakters, der auch heute noch Quilterinnen zur Anfertigung eindrucksvoller und moderner *Log Cabin*-Decken herausfordert. In der Geschichte des Quiltens gibt es Beispiele für *Log Cabin*-Decken, die – in romantischer Manier – aus pastellfarbenen geblümten Kleider- und Kinderkleiderstoffen genäht wurden; andere wiederum wurden aus den letzten verschlissenen Kleiderresten oder Futtersäcken gearbeitet, und es gibt „jazzige", schiefe *Log Cabin*-Decken, die von Afroamerikanerinnen genäht wurden, sowie betont graphische, von den Amischen aus einfarbigen Stoffen genähte Decken. In den letzten Jahren haben etliche anerkannte Quiltkünstlerinnen ihre Begeisterung für *Log Cabin*-Variationen entdeckt, diesem Muster neuen Ausdruck verliehen und damit eine neue Ära begonnen.

Normalerweise besteht ein *Log Cabin*-Block aus Streifen, die rund um ein Mittelquadrat herum genäht sind. Dieses sollte traditionell rot oder gelb sein, um die Feuerstelle des Hauses oder die Sonne zu symbolisieren. Zu diesem Thema lassen sich eine Menge Variationen finden – oder selbst erfinden. Zum Beispiel müssen die Streifen nicht unbedingt gleich breit sein. Schon hier liegen viele Möglichkeiten. Man kann Spiralwirkungen erzeugen, indem man nach einem besonderen System zwischen schmalen und breiten Streifen wechselt (diese Wirkung kann man selbstverständlich auch mit gleich breiten Streifen in zwei verschiedenen Farben erreichen). Oder man macht in den Blöcken gebogene Linien, indem man die schmalen Streifen in einer Farbe auf zwei bestimmten Seiten des Mittelquadrates plaziert und die breiten Streifen in einer anderen Farbe auf den zwei anderen Seiten des Blocks (siehe Abbildungen).

Wenn Sie in ein vorgegebenes Quadrat einen Kreisbogen und eine Diagonale einzeichnen, können Sie die Breite der Streifen anpassen, so daß sie einen schönen Bogen ergeben. Der Block mißt im ganzen 15,5 × 15,5 cm.

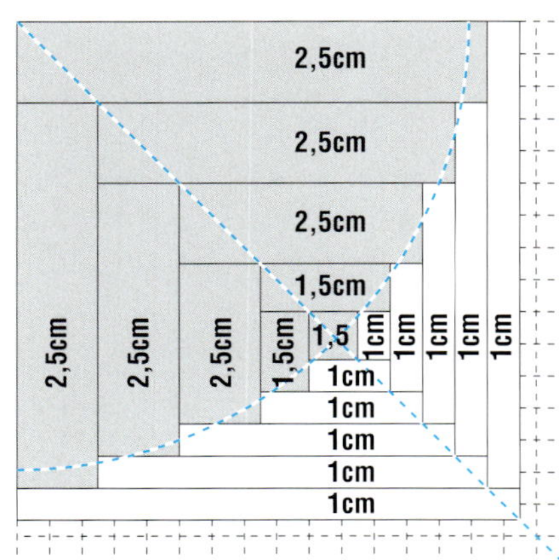

Sie können auch Blöcke abseits der Tradition machen, indem Sie mit bereits zusammengenähten Streifen arbeiten, die Sie auf unterschiedliche Weise in neue Streifen schneiden und um das Mittelquadrat herum nähen.
In manchen Variationen näht man Streifen nur auf zwei Seiten des „Mittelvierecks", das dadurch zu einem Anfangsviereck wird. Der Block wird mehr asymmetrisch als gewöhnlich und birgt einige andere Möglichkeiten. Verwendet man nur zwei Farben, lassen sich sehr einfache, aber starke graphische Wirkungen erzielen, die sich gut für eine Sofadecke eigenen. Bei den Decken, die hier im Buch gezeigt werden, habe ich mich entschieden, von vornherein alle Streifenstücke in der erforderlichen Länge auszuschneiden, anstatt ein „Sammelband-*Log Cabin*" zu nähen, bei dem man die Streifen zuschneidet, nachdem sie an die Blöcke genäht wurden. Das zum Teil deswegen, weil die Blöcke so groß sind, zum Teil weil sie auf diese Weise präziser werden. Im übrigen kann natürlich das „Sammelband-Prinzip" trotzdem angewandt werden. Man näht einfach eine Kette von Blöcken, legt sie hintereinander und näht sie zusammen. Im Zuschnittsmaß sind 0,75 cm Nahtzugabe eingerechnet.

Schwarz-weiße *Log Cabin*-Decke*

Diese Decke ist denkbar einfach zu arbeiten, wirkt trotzdem wegen der sehr kontrastreichen Farbgebung graphisch eindrucksvoll, nicht zuletzt auch wegen der großen Blöcke, die fast Übergröße haben. Es werden auch nur 12 Blöcke verwendet. Um in das einförmige Muster etwas Abwechslung zu bringen, habe ich zwei verschiedene helle und zwei verschiedene schwarze Stoffe verwendet, so daß kleine Variationen entstehen. Die abweichenden Streifen, die nicht so schrecklich zahlreich sind, werden in den Blöcken so zufällig verteilt, daß sie kein Muster bilden.

Größe: 117 × 162 cm

Materialien:

Heller Stoff: 135 cm, davon können 25 cm in etwas anderer Nuance sein
Schwarzer Stoff: 135 cm, davon können 25 cm in etwas anderer Nuance sein
Schwarzer Stoff für den breiten Rand: ca. 90 cm
Roter Stoff für den hauchdünnen Biesenrand und den unteren Randstreifen: 20 cm
Stoff für die Rückseite: 120 × 170 cm
Vlies (hier wurde Baumwollvlies verwendet): 120 × 170 cm

Zuschnitt in hellem Stoff:

Schneiden Sie den Stoff oder die Stoffe – wenn Sie unterschiedlich helle verwenden – in 3,5 cm breite Streifen und dann in:

- 12 Streifen 31,5 cm lang
- 12 Streifen 29,5 cm lang
- 12 Streifen 27,5 cm lang
- 12 Streifen 25,5 cm lang
- 12 Streifen 23,5 cm lang
- 12 Streifen 21,5 cm lang
- 12 Streifen 19,5 cm lang
- 12 Streifen 17,5 cm lang
- 12 Streifen 15,5 cm lang
- 12 Streifen 13,5 cm lang
- 12 Streifen 11,5 cm lang
- 12 Streifen 9,5 cm lang
- 12 Streifen 7,5 cm lang
- 12 Streifen 5,5 cm lang

Sorgen Sie dafür, daß Sie eine geeignete Auswahl an Streifenlängen auch von den anderen hellen Stoffen bekommen.

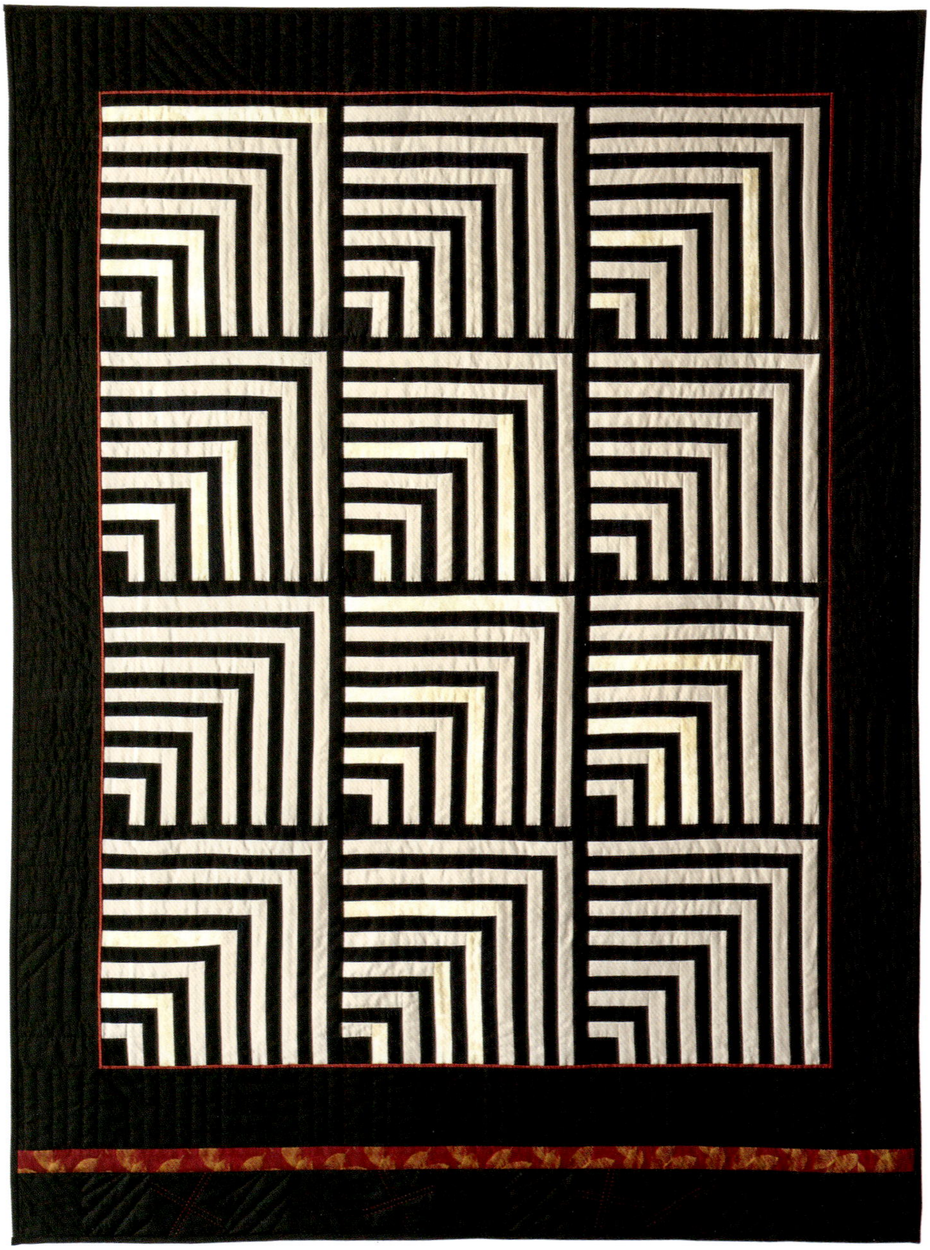

Zuschnitt in schwarzem Stoff:

Schneiden Sie den Stoff oder die Stoffe – wenn Sie verschiedene Arten verwenden – in 3,5 cm breite Streifen und dann in:

- 12 Streifen 33,5 cm lang
- 12 Streifen 31,5 cm lang
- 12 Streifen 29,5 cm lang
- 12 Streifen 27,5 cm lang
- 12 Streifen 25,5 cm lang
- 12 Streifen 23,5 cm lang
- 12 Streifen 21,5 cm lang
- 12 Streifen 19,5 cm lang
- 12 Streifen 17,5 cm lang
- 12 Streifen 15,5 cm lang
- 12 Streifen 13,5 cm lang
- 12 Streifen 11,5 cm lang
- 12 Streifen 9,5 cm lang
- 12 Streifen 7,5 cm lang

und

- 12 Quadrate 5,5×5,5 cm

Sorgen Sie dafür, daß Sie eine geeignete Auswahl an Streifenlängen auch von dem anderen schwarzen Stoff zugeschnitten bekommen.

1. Legen Sie die Streifenstapel nach Größe und Farbe zurecht, so daß Sie sie beim Nähen gut erreichen können. Mischen Sie die abweichenden hellen und schwarzen Streifen unregelmäßig in die entsprechenden Stapel, oder legen Sie sie daneben, um sie bei Bedarf einzusetzen. Nähen Sie erst einen Block, damit Sie mit dem Arbeitsablauf und dem Muster vertraut werden. Sie können diesen erst einmal aus jeweils nur einer Sorte hellen oder schwarzen Stoffes machen, es schadet nichts, wenn ein oder zwei Blöcke nicht aus unterschiedlichem hellen oder schwarzen Stoff bestehen. Danach können Sie die übrigen Blöcke hintereinanderweg nähen, so daß es im Ergebnis ebenso schnell geht, wie wenn Sie nach der Methode „Sammelband-*Log Cabin*" genäht hätten. Weil die Streifen in der richtigen Länge geschnitten sind, können Sie immer kontrollieren, ob Sie gleichmäßig nähen und die Größe einhalten.
2. Nähen Sie die Blöcke in 4 Reihen von je 3 Blöcken zusammen, und nähen Sie die Reihen zusammen. Die Blöcke zeigen alle in dieselbe Richtung.
3. Nähen Sie eventuell den roten Biesenrand rundherum, und nähen Sie den ca. 11,5 cm breiten Rand mit gleichmäßigen Ecken an (Schnittmaß 12 cm). Nähen Sie einen 3 cm (Schnittmaß 3,5 cm) breiten roten Randstreifen unten an, und schließen Sie mit einem weiteren 9 cm breiten Rand unten ab. Ich habe ihn aus Quadraten von zwei unterschiedlichen schwarzen Stoffen gemacht.
4. Heften Sie Oberseite, Vlies und Rückseite zusammen, und quilten Sie die Decke. Diese ist in den Nähten der Blöcke und in den Rändern in einem linearen Muster handgequiltet.
5. Fassen Sie die Decke mit doppeltem Einfassungsband ein.

Blaue *Log Cabin*-Decke mit Rand **

Diese Decke ist aus dem gleichen asymmetrischen Block mit Streifen an nur zwei Seiten gemacht, aber hier ist die Breite der Streifen so variiert, daß sie abwechselnd 1 cm und 2 cm beträgt. Außerdem sind die Blöcke hin und her und von oben nach unten gewendet (versuchen Sie, in der Übersicht über verschiedene Symmetriekombinationen herauszufinden, welches Modell angewandt wird). Es müssen 24 Blöcke gemacht werden. Außerdem ist die Decke mit einem breiten Rand aus Dreiecken versehen, die aus Streifen der gleichen Breite wie der des Blockes genäht sind. Die Decke hat 2 Sterne bekommen, weil zum einen die 1 cm breiten Streifen hinsichtlich von Ungleichmäßigkeiten beim Geradeausnähen etwas empfindlich sind, zum anderen stehen die Außenkanten des Dreiecksrandes schräg zum Fadenlauf, wenn man die Dreiecke schneidet, und man muß aufpassen, daß der Rand sich nicht verzieht.

Größe: 108 × 152 cm

Materialien:

Hellblauer Stoff: 150 cm
Dunkelblauer Stoff: 320 cm
Rotbrauner Stoff für den Biesenrand: 15 cm
Stoff für die Rückseite: 110 × 155 cm
Vlies (hier wurde Polyestervlies verwendet): 110 × 155 cm

Zuschnitt in hellblauem Stoff:

Schneiden Sie den Stoff in 2,5 cm breite Streifen und dann in:

- 24 Streifen 21 cm lang
- 24 Streifen 20 cm lang
- 24 Streifen 18 cm lang
- 24 Streifen 17 cm lang
- 24 Streifen 15 cm lang
- 24 Streifen 14 cm lang
- 24 Streifen 12 cm lang
- 24 Streifen 11 cm lang
- 24 Streifen 9 cm lang
- 24 Streifen 8 cm lang
- 24 Streifen 6 cm lang
- 24 Streifen 5 cm lang
- 20 Streifen 2,5 cm breit und mindestens 111 cm lang

Zuschnitt in dunkelblauem Stoff:

Schneiden Sie den Stoff in 3,5 cm breite Streifen und dann in:

- 24 Streifen 23 cm lang
- 24 Streifen 21 cm lang
- 24 Streifen 20 cm lang
- 24 Streifen 18 cm lang
- 24 Streifen 17 cm lang
- 24 Streifen 15 cm lang
- 24 Streifen 14 cm lang
- 24 Streifen 12 cm lang
- 24 Streifen 11 cm lang
- 24 Streifen 9 cm lang
- 24 Streifen 8 cm lang
- 24 Streifen 6 cm lang
- 24 Quadrate von 5 x 5 cm
- 24 Streifen 3,5 cm breit und mindestens 111 cm lang

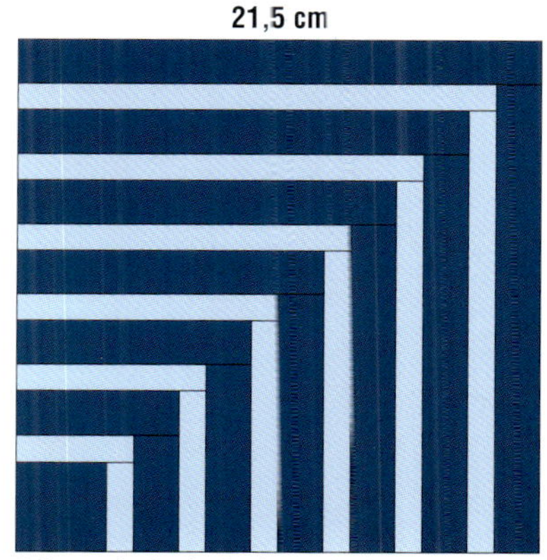

Die Maße geben die fertige Größe des Blocks an.

1. Legen Sie die Streifenstapel nach ihrer Größe und Farbe zurecht, so daß Sie sie beim Nähen leicht erreichen können. Nähen Sie erst einen Block, damit Sie mit dem Arbeitsablauf und dem Muster vertraut werden. Danach können Sie die übrigen Blöcke hintereinanderweg nähen, so daß es im Ergebnis genauso schnell geht, wie wenn Sie nach der Methode „Sammelband-*Log Cabin*" genäht hätten. Weil die Streifen in der richtigen Länge geschnitten sind, können Sie immer kontrollieren, ob Sie gleichmäßig nähen und die Größe einhalten.
2. Legen Sie die Blöcke aus, wie Sie sie zusammennähen wollen. Nähen Sie die Blöcke in 6 Reihen von je 4 Blöcken, und nähen Sie die Reihen zusammen. Sorgen Sie dafür, daß die Blöcke im Verhältnis zum Muster richtig liegen.
3. Nähen Sie eventuell einen dünnen Biesenrand rund herum.
4. Bei der Anfertigung des Rands fangen Sie damit an, die Streifen in lange Bahnen zusammenzunähen, die abwechselnd aus 3,5 cm breiten dunkelblauen und 2,5 cm breiten hellblauen Streifen bestehen – insgesamt aus 6 dunkel-

blauen und 5 hellblauen. Nähen Sie insgesamt 7 Bahnen von 111 cm. Gehen Sie beim Zusammennähen der Streifen sehr sorgfältig vor, damit das Stück nicht krumm oder flatterig wird. Machen Sie eine Schablone für die Dreiecke. Schneiden Sie 44 Dreiecke nach Schablone. Bei 24 von ihnen müssen die Streifen im Verhältnis zur langen Seite in die gleiche Richtung gehen, bei den restlichen 20 in die entgegengesetzte Richtung. Nähen Sie sie abwechselnd zusammen, so daß Sie eine Wirkung wie bei Flechtwerk erzielen. Die 20 gleichen Dreiecke sollen sich zur Decke hinwenden und die 24 anderen von der Decke wegwenden.

5. Heften Sie Oberseite, Vlies und Rückseite zusammen, und quilten Sie die Decke. Diese ist in den Nähten mit dunkelblauem Faden mit der Maschine gequiltet, aber es ist ziemlich mühsam, die Decke „in der Maschine“ zu wenden und zu drehen.
6. Fassen Sie die Decke mit doppeltem Kantenband ein.

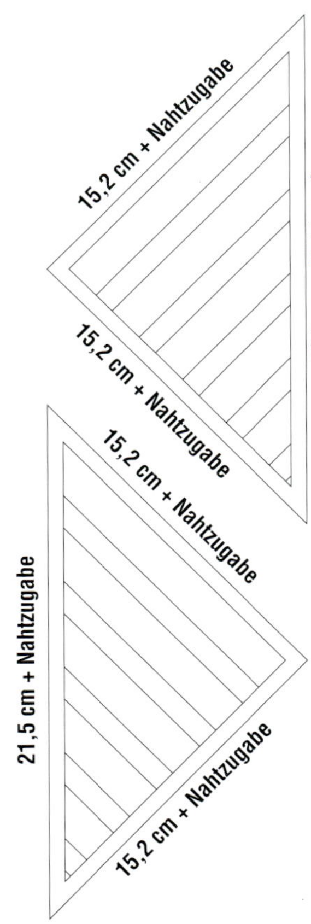

Maßzeichnung der Schablonen für den Rand

Spieldecke für ein Neonbaby **

Nachdem ich die beiden ziemlich genau durchgeplanten *Log Cabin*-Decken genäht hatte, verspürte ich plötzlich das Bedürfnis nach einer spontanen Arbeit. Das Resultat – diese Decke, hergestellt aus Resten von schwarz-weißen Stoffen und einigen prächtigen Marimekko-Stoffen, die ich über Jahre aufgehoben hatte. Da dies eine Restedecke ist, aus vielen verschiedenen Stoffen zusammengenäht, kommt jetzt keine ausführliche Anleitung, dafür aber eine Maßzeichnung, die hoffentlich zeigen kann, wie die Decke aufgebaut ist. Es kann zur Abwechslung ein Vergnügen sein, den Arbeitsablauf von den Stoffen und Farben bestimmen zu lassen – und genau das geschah hier. Die Blöcke sind abwechselnd positiv und negativ, und zwar so, daß sich Farben und schwarz-weiße Stoffe abwechseln, und sie messen ca. 23 x 23 cm.

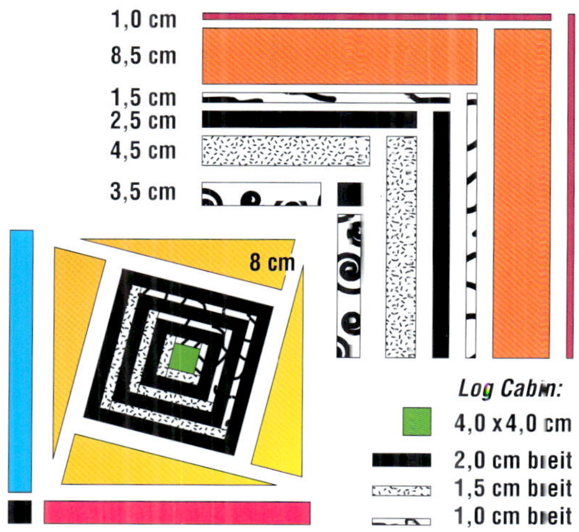

Zeichen und Symbole

Inspiration für neue Muster findet man häufig in seiner unmittelbaren Umgebung. Viele der Zeichen und Symbole, die uns umgeben, lassen sich mit Änderungen oder Vereinfachungen zu schönen Mustern machen. Sehen Sie sich zum Beispiel Signalflaggen, Wegweiser, Waschanleitungssymbole oder chemische Warnzeichen an. Ich hatte geplant, mich auf das Atomsymbol zu stürzen, aber kam schließlich dazu, auf Sophies Decke mit mathematischen Symbolen zu spielen. Es gibt bereits viele Beispiele von alten Decken mit dem Alphabet darauf, so daß es sich nur wie die Fortsetzung einer bereits etablierten Tradition darstellte.

Sophies Decke **

Sophie ist ein kleines Mädchen von 8 Jahren, das gern eine schöne Bettdecke für sein gelbes Zimmer haben wollte. Also wurden die Stoffe so ausgewählt, daß sie in ein richtiges Kinderzimmer passen. Die Decke besteht aus 6 verschiedenen Blöcken, x, y, z, +, − und =, und die können natürlich auf ganz unterschiedliche Weise kombiniert werden. Hier wurden zwischen die Blöcke Gitterstreifen in der gleichen Farbe wie der Grundfarbe des Blocks eingesetzt, so daß „Luft" zwischen sie kommt. Man kann aber ebensogut mit Gitterstreifen oder Schnittpunkten zwischen den Gitterstreifen in einer Kontrastfarbe experimentieren. Die Farben der Blöcke sind auch im Rand unterschiedlich, und es wurden zwei verschiedene türkisfarbige Stoffe für die Pluszeichen verwendet. Die Blöcke eignen sich ebensogut für große Bettdecken wie für kleine Babyquilts.

Größe: 128 × 193 cm

Materialien:

Blauer Stoff für den Untergrund: 325 cm
Grüner Stoff für die x-Formen: 50 cm
Türkisfarbener Stoff für die Pluszeichen (hier wurden zwei verschiedene Stoffe verwendet, insgesamt): 60 cm
Gelber Stoff für die Gleichheitszeichen: 45 cm
Rosa Stoff für die Zeichen im Rand: 20 cm
Roter Stoff für die Zeichen im Rand: 15 cm
Stoff für die Rückseite: 135 × 200 cm
Vlies (hier wurde *Warm and Natural*-Baumwollvlies verwendet): 130 × 200 cm

Zuschnitt in blauem Stoff:

- 156 Stücke nach Schablone 1 (für 33 mal x und 8 mal y)
- 148 Stücke nach Schablone 2 (für 33 mal x und 8 mal y)
- 8 Stücke nach Schablone 7 (für 8 mal y)
- 132 Stücke nach Schablone 5 (für 31 Pluszeichen und 2 Minuszeichen)
- 108 Stücke nach Schablone 8 (für 36 Gleichheitszeichen)
- 8 Stücke nach Schablone 11 (für 4 mal z)
- 4 Stücke nach Schablone 12 (für 2 Minuszeichen)
- 275 Stücke nach Schablone 8 (für die Gitterstreifen)
- 150 Stücke nach Schablone 13 (Schnittpunkte der Gitterstreifen)
- 12 Quadrate von 13,5 × 13,5 cm (leere Blöcke)

Zuschnitt in grünem Stoff:

- 58 Stücke nach Schablone 3 (für 29 mal x)
- 29 Stücke nach Schablone 4 (für 29 mal x)

Zuschnitt in türkisfarbigem Stoff:

- 62 Stücke nach Schablone 5 (für 31 Pluszeichen)
- 33 Stücke nach Schablone 6 (für 31 Pluszeichen und 2 Minuszeichen)
- 12 Stücke nach Schablone 9 (für 6 Gleichheitszeichen im Rand)
- 4 Stücke nach Schablone 12 (für 2 Minuszeichen)

Zuschnitt in gelbem Stoff:

- 60 Stücke nach Schablone 9 (für 30 Gleichheitszeichen)

Zuschnitt in rotem Stoff:

- 8 Stücke nach Schablone 3 (für 8 mal y)
- 8 Stücke nach Schablone 4 (für 8 mal y)

Zuschnitt in rosafarbigem Stoff:

- 8 Stücke nach Schablone 3 (für 4 mal x)
- 4 Stücke nach Schablone 4 (für 4 mal x)
- 8 Stücke nach Schablone 9 (für 4 mal z)
- 4 Stücke nach Schablone 10 (für 4 mal z)

1. Nähen Sie 25 grüne x-Blöcke für die Mitte sowie 4 grüne und 4 rosafarbene für den Rand. Nähen Sie 25 türkisfarbene Plus-Blöcke (hier wurden 2 türkisfarbene Stoffe verwendet) für die Mitte und 6 für den Rand: Nähen Sie 30 gelbe Gleichheitszeichen für den inneren Rand und 6 türkisfarbene für den äußeren Rand. Nähen Sie 8 rote y-Blöcke, 4 rosafarbene z-Blöcke und 2 türkisfarbene Minus-Blöcke. Außerdem sind da 12 blaue Blöcke ohne Motiv. Bügeln Sie soweit wie möglich die Nahtzugabe unter die Motive.
2. Nähen Sie die Blöcke in waagrechten Reihen mit Gitterstreifen und Schnittpunkten zusammen, so daß sie richtig im Muster zu liegen kommen und die richtige Stellung haben.
3. Heften Sie Oberseite, Vlies und Rückseite zusammen. Quilten Sie die Decke in den Nähten der Blöcke mit blauem Nähfaden, wenn die Nähte unter die Motive gebügelt wurden, sonst mit neutralem oder durchsichtigem Nähfaden.
4. Fassen Sie die Decke mit doppeltem Kantenband ein.

Beispiele für Deckenmuster

Hier sind die gleichen Blöcke für Decken in unterschiedlichen Größen und mit unterschiedlichen Rändern verwandt. Da die Blöcke nicht so groß sind, ist es verhältnismäßig leicht, die Größe auf ein bestimmtes Vorhaben hin maßzuschneidern. Die größten Probleme entstehen dann, wenn man will, daß bestimmte Rechenspiele aufgehen.

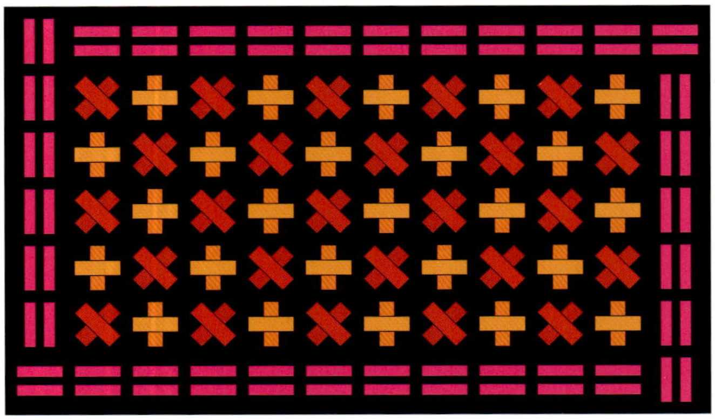

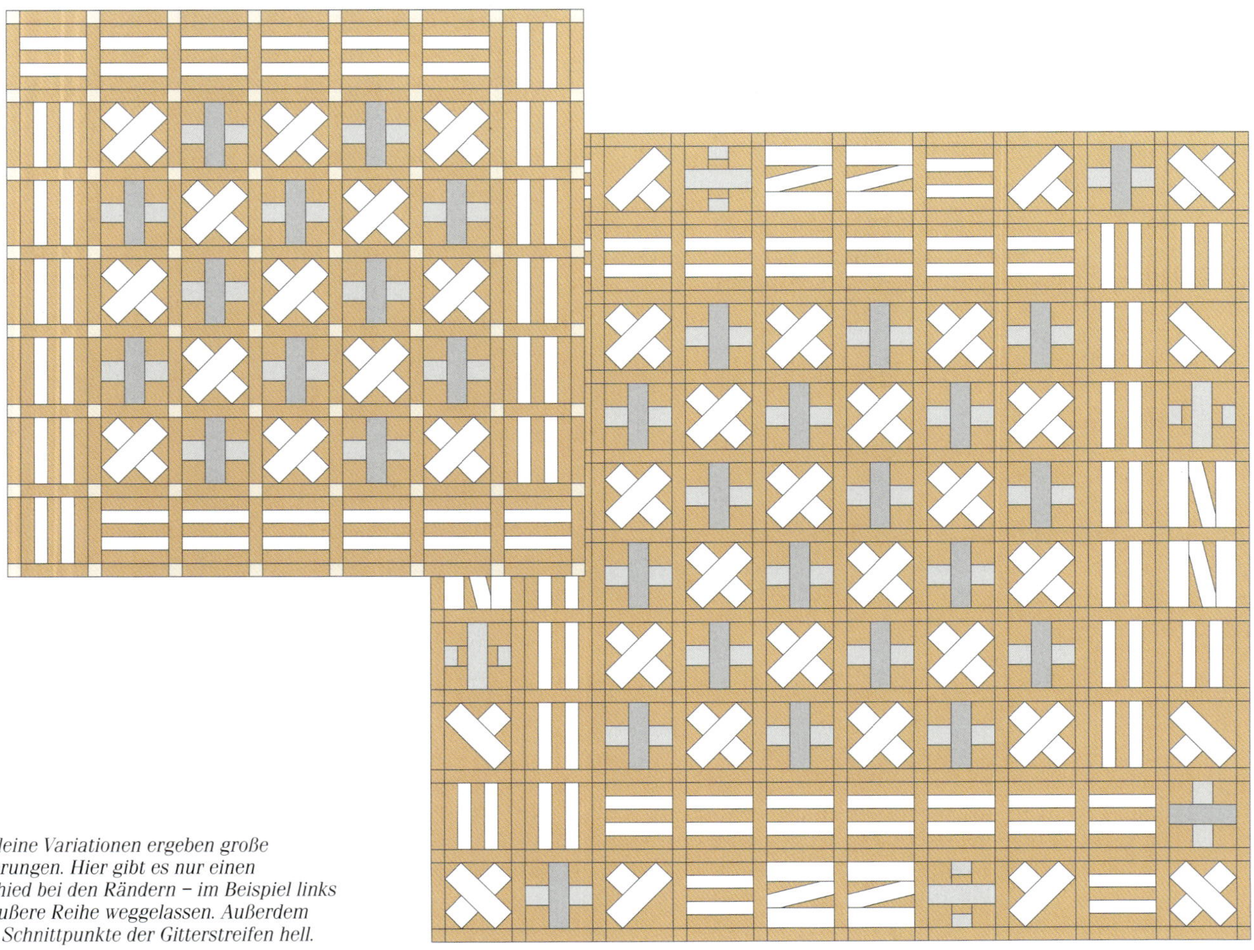

Selbst kleine Variationen ergeben große Veränderungen. Hier gibt es nur einen Unterschied bei den Rändern – im Beispiel links ist die äußere Reihe weggelassen. Außerdem sind die Schnittpunkte der Gitterstreifen hell.

Die Schablonen sind in voller Größe wiedergegeben. 1 Quadrat = 1 cm

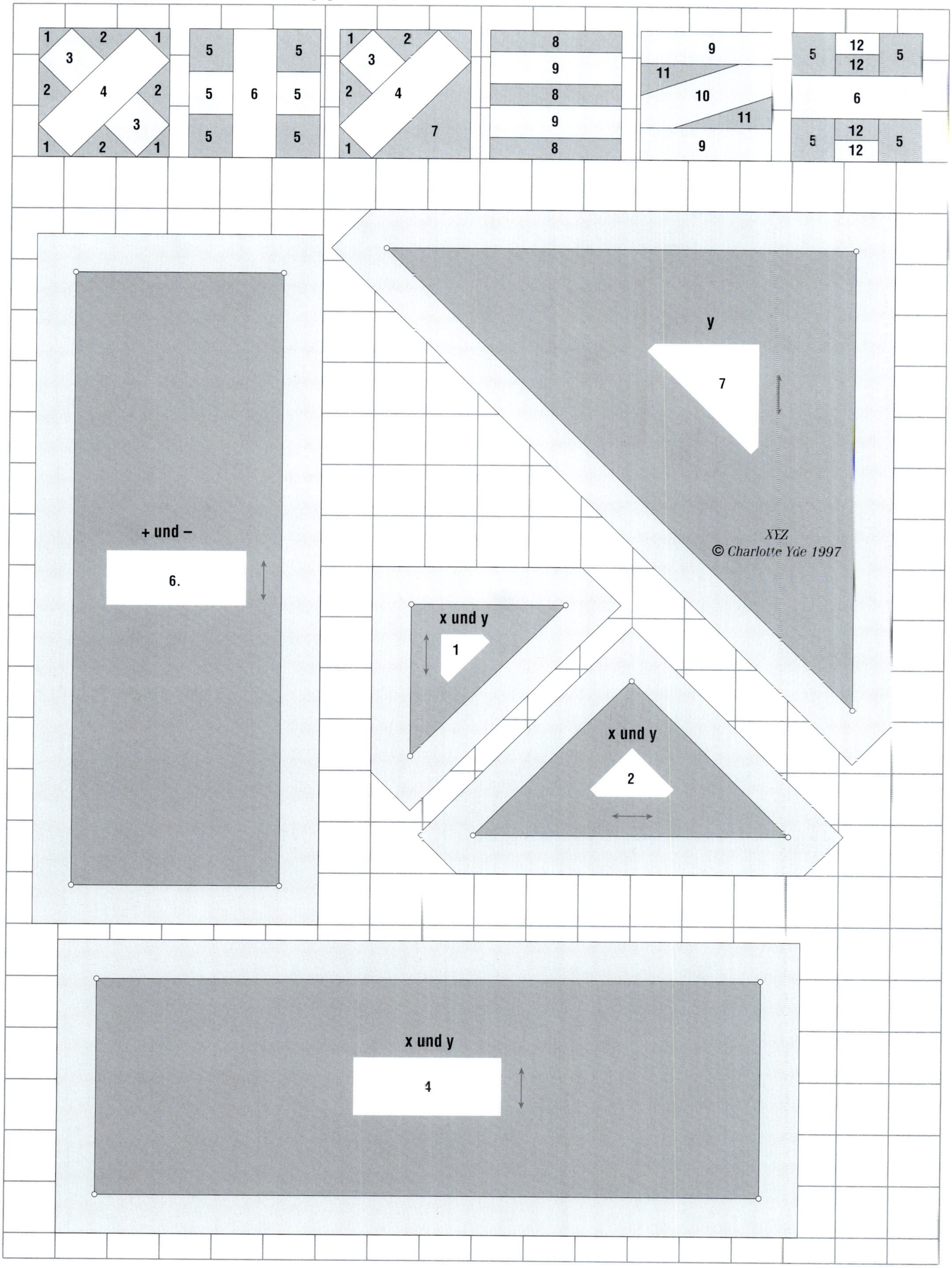

Die Schablonen sind in voller Größe wiedergegeben. 1 Quadrat = 1 cm

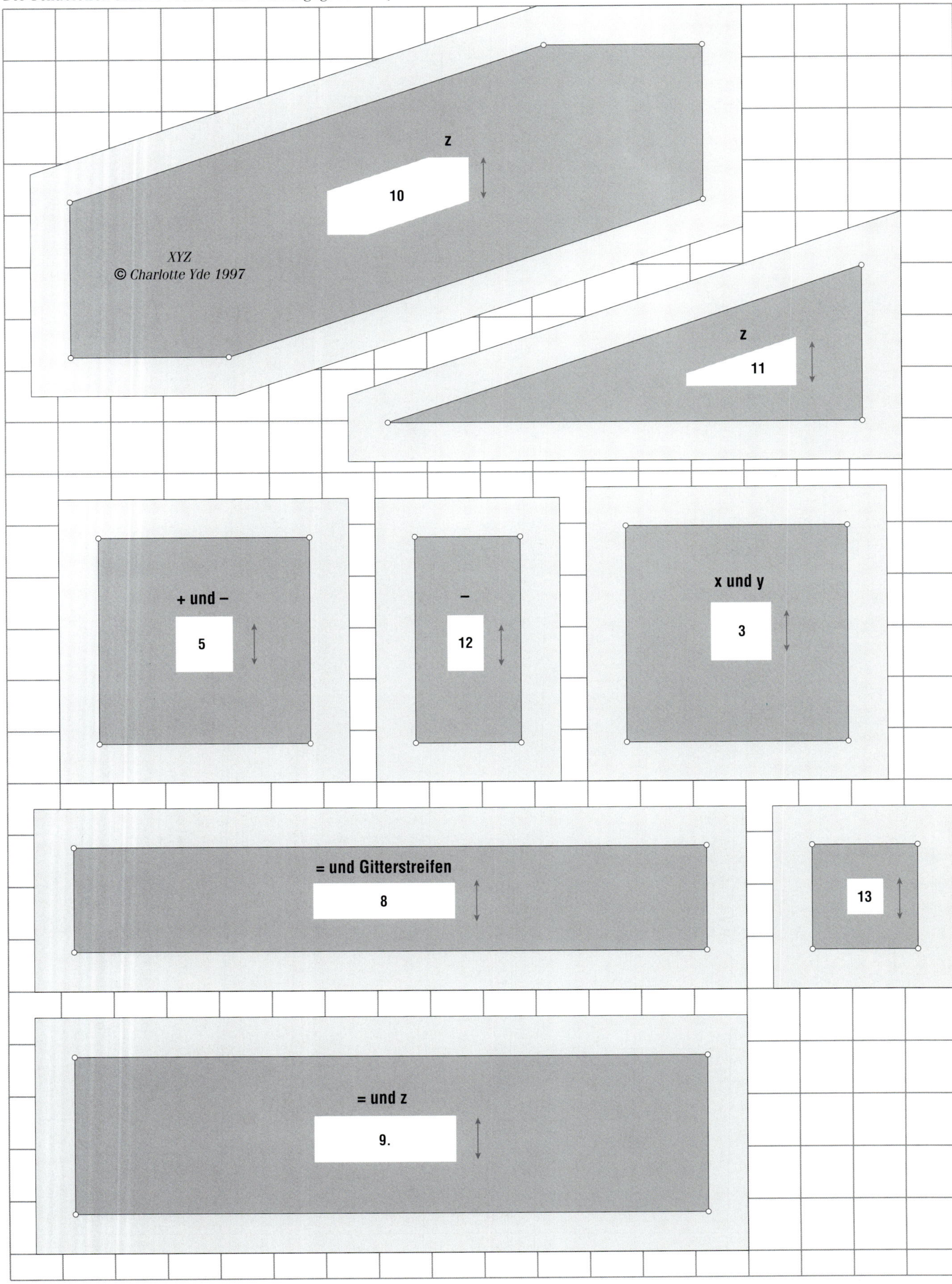

Asymmetrische Blöcke

Wie schon im Abschnitt über Symmetrie dargestellt, gibt es viele Möglichkeiten, ein Muster zu variieren, wenn man mit asymmetrischen Blöcken arbeitet. Muster, die auf asymmetrischen Blöcken aufbauen, sind im Gegensatz zu Mustern aus vielen symmetrischen Blöcken weniger durchschaubar, selbst dann, wenn sie im endgültigen Design in symmetrischen Kompositionen angeordnet werden. Man kann die asymmetrische Wirkung unterstreichen, indem man mit Blöcken arbeitet, die nicht quadratisch sind, sondern zum Beispiel rechteckig oder rhombenförmig. Wollen Sie gern selbst anfangen, mit asymmetrischen Blöcken zu spielen? Es gibt viele verschiedene Wege und auch Abkürzungen, die Sie gehen können. Nehmen Sie zum Beispiel einen asymmetrischen Ausschnitt aus einem traditionellen Block und wenden, drehen und spiegeln Sie diesen. Das kann überraschende Wirkungen ergeben. Ein wunderbares Spielzeug, das ebenfalls diese Art von Blockmustern inspirieren kann, ist eine Prismenlinse. Betrachtet man einen Block durch die Prismenlinse, vervielfältigt er sich optisch zu einer Fläche, die aus einer Vielzahl dieses Blocks besteht.

Wenn Sie mit asymmetrischen Blöcken arbeiten, gibt es so viele Möglichkeiten, daß es schwerfallen kann, sich zu entscheiden. Aber wenn Sie die Beispiele auf Seite 18 und 19 betrachten, werden Sie feststellen, daß es bestimmte charakteristische Züge gibt, die wieder in verschiedene Typen von Symmetrie münden. Rotationssymmetrie ergibt zum Beispiel immer Muster, die sich im Kreis bewegen, während Spiegelsymmetrie mehr statische Muster ergibt.

Bettdecke mit rechteckigem Block **

Die Decke ist mit einem Block gemacht, der 20×40 cm mißt; man braucht 35 Blöcke für eine kleine Doppelbettdecke. Die Stoffe sind eine Mischung aus Patchworkstoffen: gedruckte Stoffe sowie prachtvolle „handgefärbte" afrikanische Stoffe und großgemusterte Gardinenstoffe, aber vor allem der afrikanische und der handbemalte Stoff geben der Decke ihren besonderen Charakter. Es werden verhältnismäßig viele verschiedene Stoffe (9 Sorten) im einzelnen Block verwendet, und darüber hinaus habe ich noch einige von ihnen ein wenig variiert. Wenn Sie mit Blöcken dieser Art arbeiten, probieren Sie doch einmal einige der Möglichkeiten, die im Abschnitt über Symmetrie skizziert sind. Rotationssymmetrie kann nur bei quadratischen Blöcken angewandt werden, aber es gibt sehr viele andere Möglichkeiten. Hier habe ich jeden zweiten Block auf den Kopf gestellt und die Reihen jeweils um einen Block seitlich verschoben. Ich hätte auch die senkrechten Reihen um einen halben Block verschieben und damit eine ganz andere Wirkung erzielen können.

Größe: 158×218 cm

Materialien:

Dunkelblauer (afrikanischer) Stoff: 115 cm
Rotbrauner Stoff für die großen Dreiecke im Muster („handgefärbt"): 40 cm
Rotbrauner Stoff für die kleinen Dreiecke (hier sowohl einfarbig als auch gestreift) im ganzen: 3,5 cm
Weißer Stoff: 80 cm
Hellblauer Stoff: 70 cm
Naturfarbener Stoff (ich habe zwei verschiedene verwendet) im ganzen: 40 cm
Dunkelblauer einfarbiger Stoff: 30 cm
Mittelblauer Stoff: 40 cm
Beigebraun großgemusterter Stoff: 110 cm
Beige-sandfarbener Stoff: 40 cm
Gestreifter Stoff für den Rand: ca. 100 cm
Stoff für die Rückseite: 160×220 cm
Vlies (hier *Poly-fil low-loft batting*, ein Polyestervlies): 160×220 cm

Zuschnitt:

35 Stücke nach Schablone 1 und 6 in dunkelblauem afrikanischem Stoff
35 Stücke nach Schablone 2 in rotbraunem (handgefärbtem) Stoff
35 Stücke nach Schablone 2, 3 und 5 in hellblauem Stoff
35 Stücke nach Schablone 3, 4 und 5 in weißem Stoff
35 Stücke nach Schablone 2 in mittelblauem Stoff
105 Stücke nach Schablone 3 in dunklem rotbraunem Stoff
35 Stücke nach Schablone 2, 3, 7, und 8 in beigebraunem Stoff
35 Stücke nach Schablone 5 in dunkelblauem Stoff
35 Stücke nach Schablone 9 in naturfarbenem Stoff

1. Nähen Sie die Blöcke nach der Abbildung in Sektionen zusammen und achten Sie darauf, daß die Sektionen nicht durcheinander kommen, wenn der Block zusammengenäht werden soll.
2. Legen Sie die Blöcke in verschiedene Muster auf. Die können sehr unterschiedlich aussehen. Wählen Sie ein aufregendes oder ein harmonisches Muster und nähen Sie die Blöcke in Reihen von je 7 Blöcken zusammen.
3. Nähen Sie den Rand an. Der ist aus 10 cm (Zuschnittsmaß 11,5 × 11,5 cm) großen Quadraten aus gestreiftem Stoff gemacht, wobei die Quadrate abwechselnd waagrecht und senkrecht gestreift aufeinanderfolgen.
4. Heften Sie Oberseite, Vlies und Rückseite zusammen. Quilten Sie die Decke eventuell in den Nähten mit neutralem oder unsichtbarem Nähfaden.
5. Fassen Sie die Decke mit doppeltem Kantenband ein.

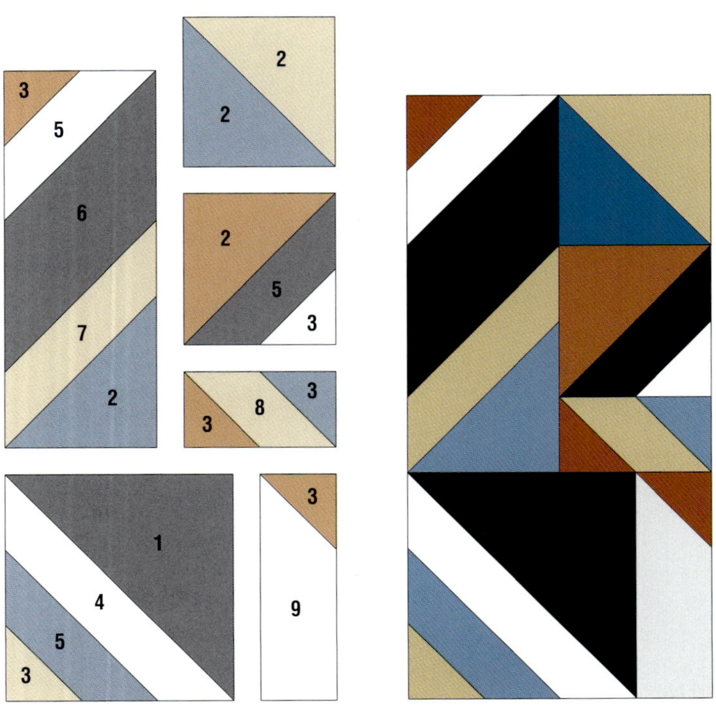

Will man sich nicht in eine Vielzahl von Problemen stürzen, sollte man die Blöcke in einer bestimmten Reihenfolge zusammensetzen. Hier ist gezeigt wie. Die Nummern in dem linken Block sind die Schablonennummern.

Die Farben sind im Verhältnis zur Decke vereinfacht.

Beispiele für Muster

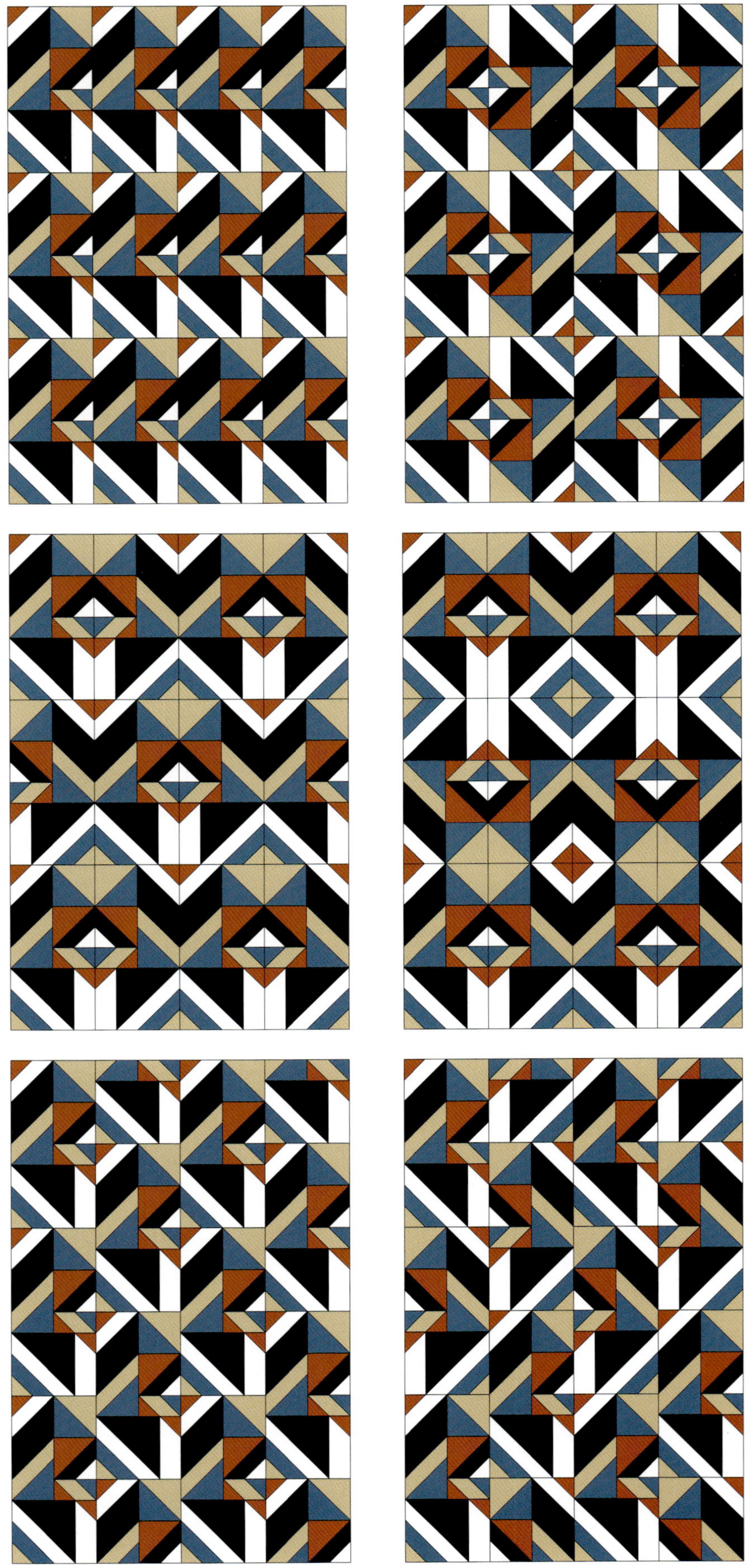

Ausschnitte aus verschiedenen Flächenmustern, die mit dem gleichen Block wie für die Decke gemacht sind. Hier sieht man vier Variationen, gebildet nach den Schemen, die im Abschnitt über Symmetrie dargestellt sind. Das erste Beispiel entspricht der Variation 1 auf Seite 18, das zweite der Variation 3, das dritte der Variation 7 und das vierte der Variation 8.

In den zwei untersten Beispielen sind die Blöcke in den senkrechten Reihen jeweils halb gegeneinander verschoben. Das ergibt wieder neue Möglichkeiten und andere Muster.

Die Schablonen sind in voller Größe wiedergegeben. 1 Quadrat = 1 cm

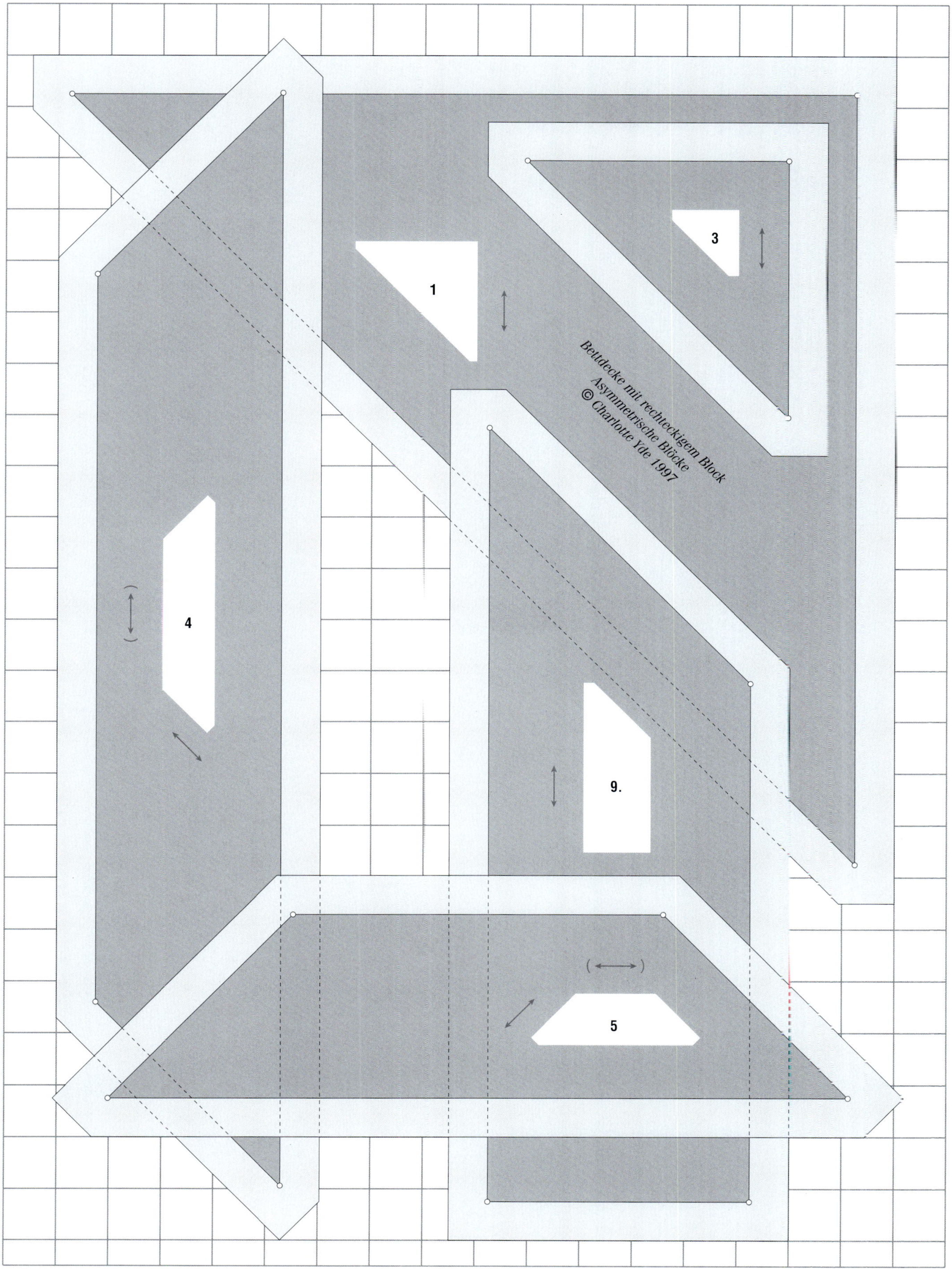

Die Schablonen sind in voller Größe wiedergegeben. 1 Quadrat = 1 cm

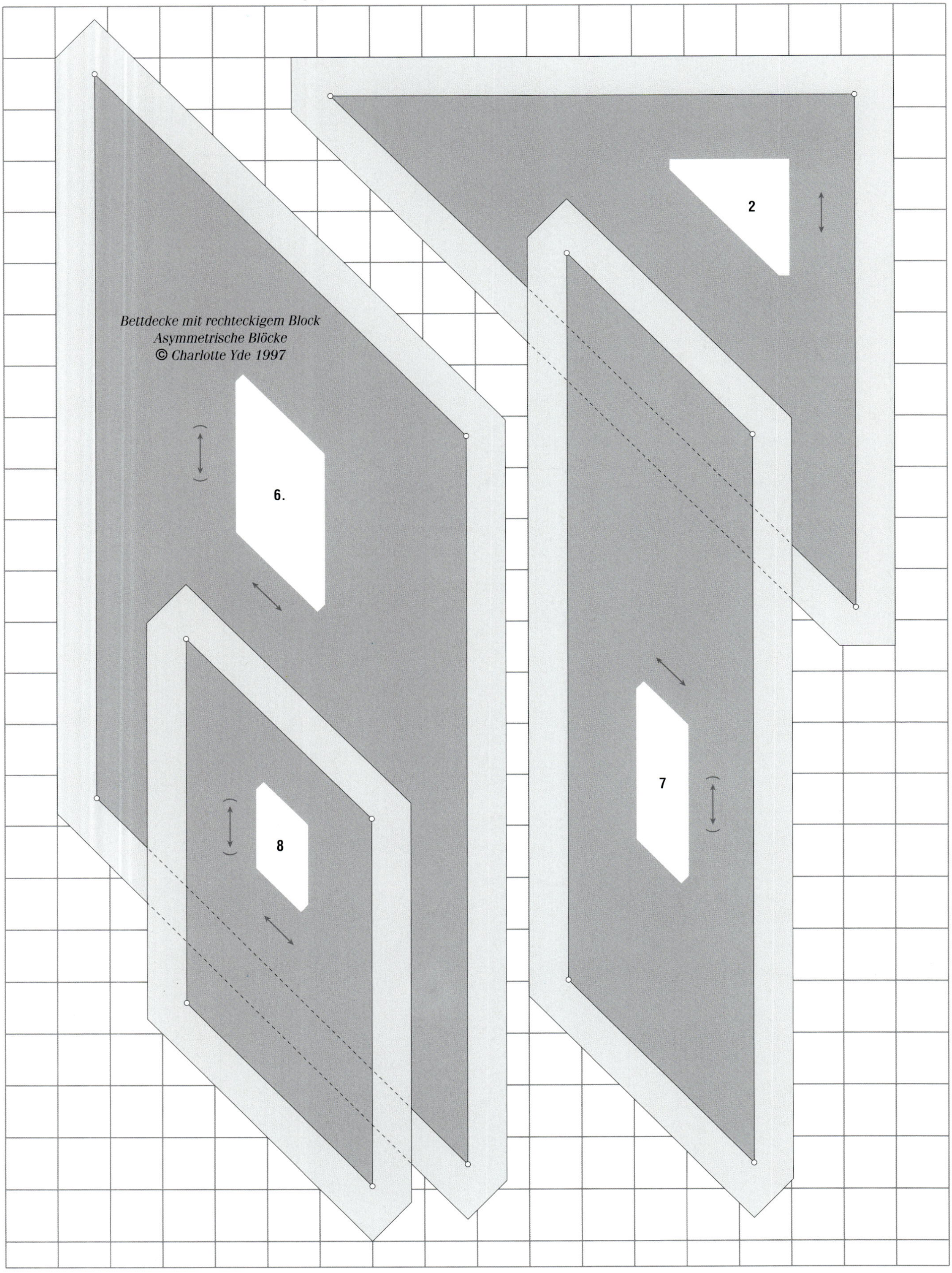

Kleine Decken mit asymmetrischen Blöcken

Ich habe immer schwarz-weiße Schachbrettkaros in Kombination mit klaren Farben geliebt. So bekam ich Lust, mit einigen recht einfachen Blöcken zu arbeiten, in die Schachbrettkaros als Musterelemente eingefügt werden. Allerdings sind diese schräg geschnitten, so daß sie den ansonsten sehr regelmäßigen Aufbau des Blockes unterbrechen. Ich machte sowohl eine rosafarbene als auch eine türkisfarbene Variation, wobei ich viele neue „handgefärbte" Stoffe verwendete, die man zur Zeit kaufen kann.
Die Blöcke bestehen aus ganz einfachen Figuren: Quadraten, Rechtecken und einfachen Dreiecken, die leicht mit Rollschneider und Lineal ausgeschnitten werden können und für die sich der Stoffverbrauch leicht ausrechnen läßt. Daher gibt es dafür keine bestimmte Anleitung und keine Schablone, aber eine Maßzeichnung für die zwei Blöcke, die ich verwendet habe, die hoffentlich als Inspiration dienen kann.

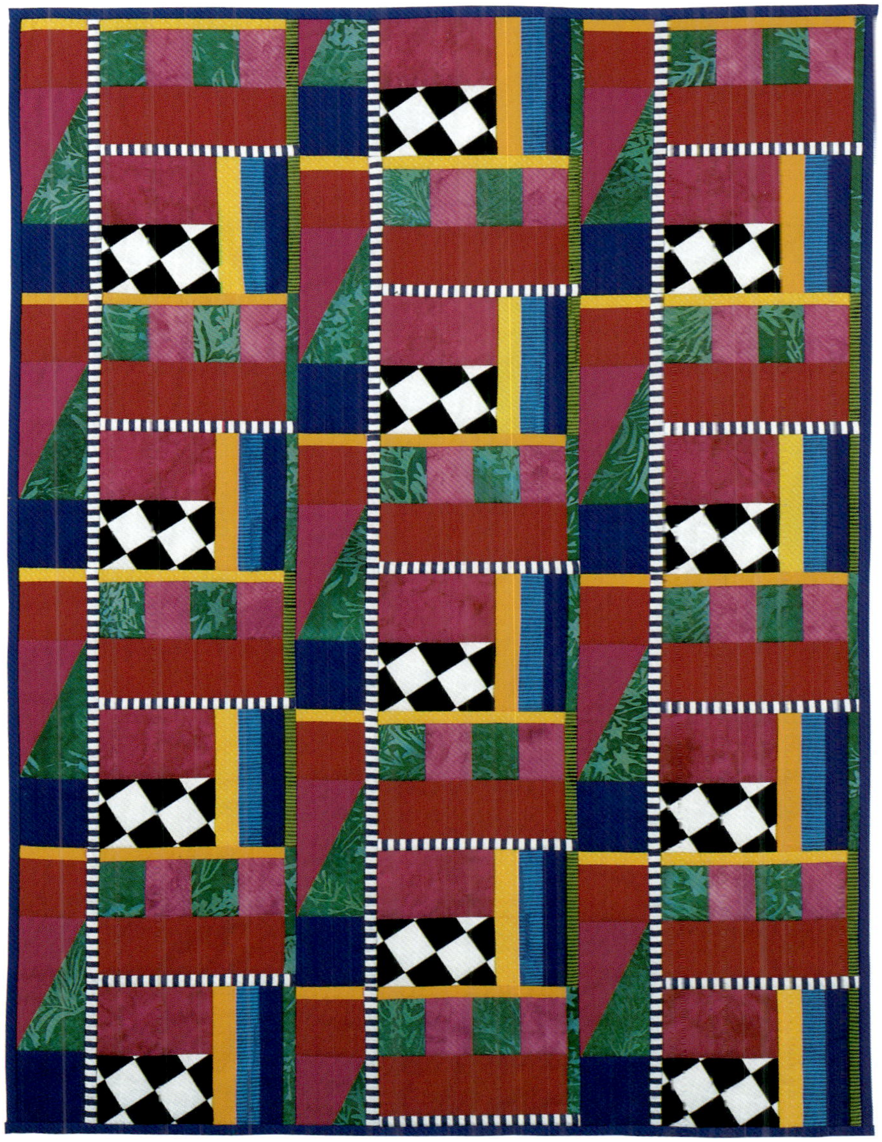

Rosa Decke

Bei der rosafarbenen Decke liegen die Blöcke so, daß die senkrechten Reihen jeweils um einen halben Block gegeneinander verschoben sind; aber die Blöcke sind weder gedreht noch gespiegelt, so daß die Musterwirkung verhältnismäßig einfach ist. Die Farbgebung ist mit den schwarz-weißen Schachbrettkaros und mit den Komplementärfarben Rot-Grün als dominierenden Farben sehr kontrastreich. Selbst bei einer so regelmäßigen Decke wie dieser kann man Stoffe und Farben variieren, zum Beispiel brauchen Sie nicht immer den gleichen gelben oder grünen Stoff zu verwenden. Das Resultat ist dann etwas lebendiger und kaum vorauszusehen, so daß ich normalerweise nicht besonders Angst habe, mir könnte ein Stück Stoff ausgehen.

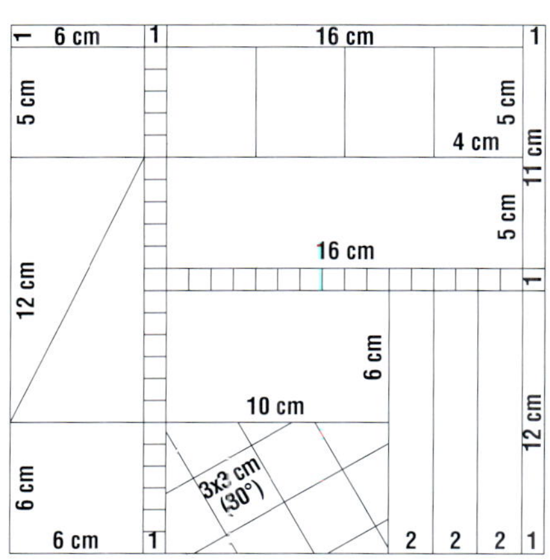

Schachbrettkaro

Die Schachbrettkaros für die hier gezeigten Decken sind aus einem langen Streifen zusammengenähter Quadrate geschnitten. Wenn die Felder im Verhältnis zu den Quadraten einheitlich ausgeschnitten werden sollen, geht dabei einiges verloren; Sie müssen sich erst alles zurechtlegen, bevor Sie den Stoffverbrauch berechnen. Für diese Decke nähte ich 3×3 cm große Quadrate aus 4,5 cm breiten Streifen.

- Nähen Sie abwechselnd schwarze und weiße Streifen zusammen. Bügeln Sie die Nahtzugaben unter die schwarzen Streifen.
- Schneiden Sie die Streifen quer durch in 4,5 cm breite Streifen und drehen Sie jeden zweiten davon um, so daß abwechselnd ein weißes und ein schwarzes Quadrat oben liegen.
- Nähen Sie die Querstreifen zu Schachbrettkaros zusammen und bügeln Sie die Nahtzugaben alle in die gleiche Richtung.
- Machen Sie eine Schablone des Feldes und zeichnen Sie eventuell die Schachbrettkaros ein, so daß Sie die Felder einheitlich machen können.
- Legen Sie die Schablone auf die Schachbrettstreifen, und schneiden Sie mit Schere oder Rollschneider.

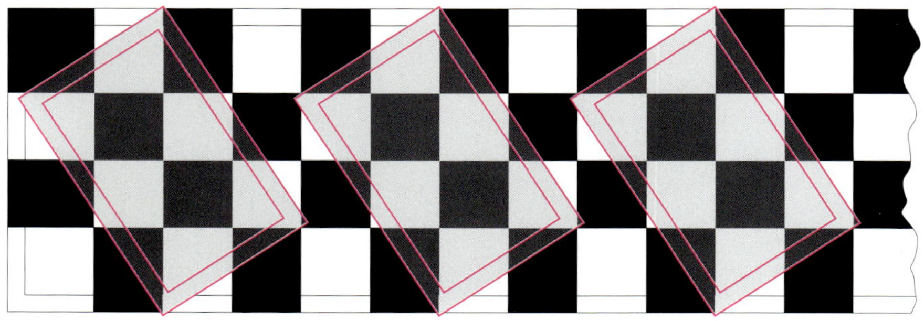

Als ich die verschiedenen Variationen von Seite 18 durchprobierte, ergab dieser Block so viele interessante Resultate, so daß die Wahl schwer fiel.

Zwei Beispiele entsprechend den Symmetrievariationen 11 und 17.

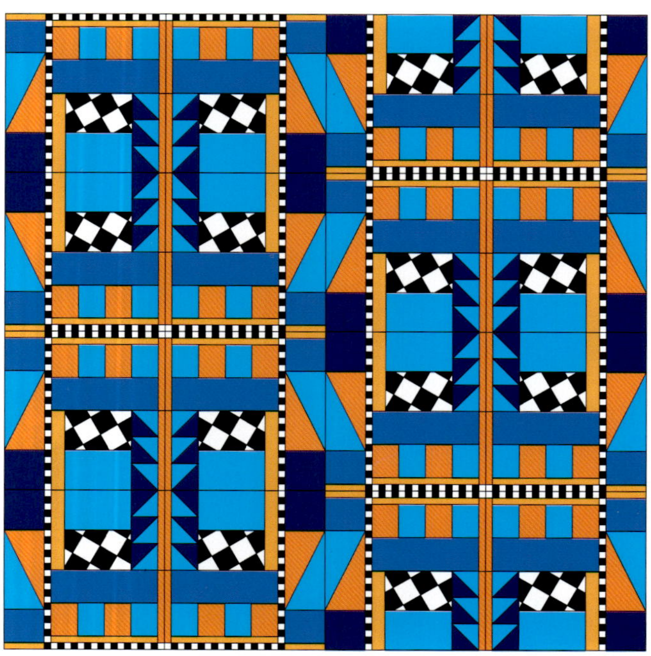

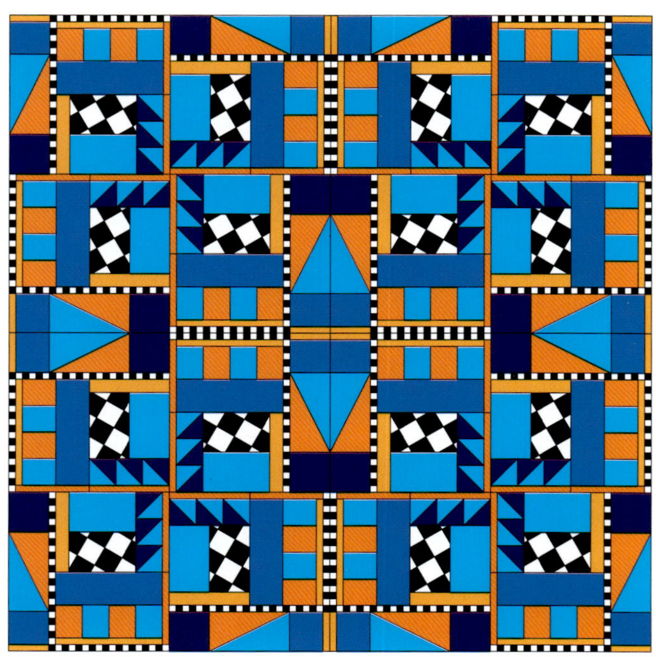

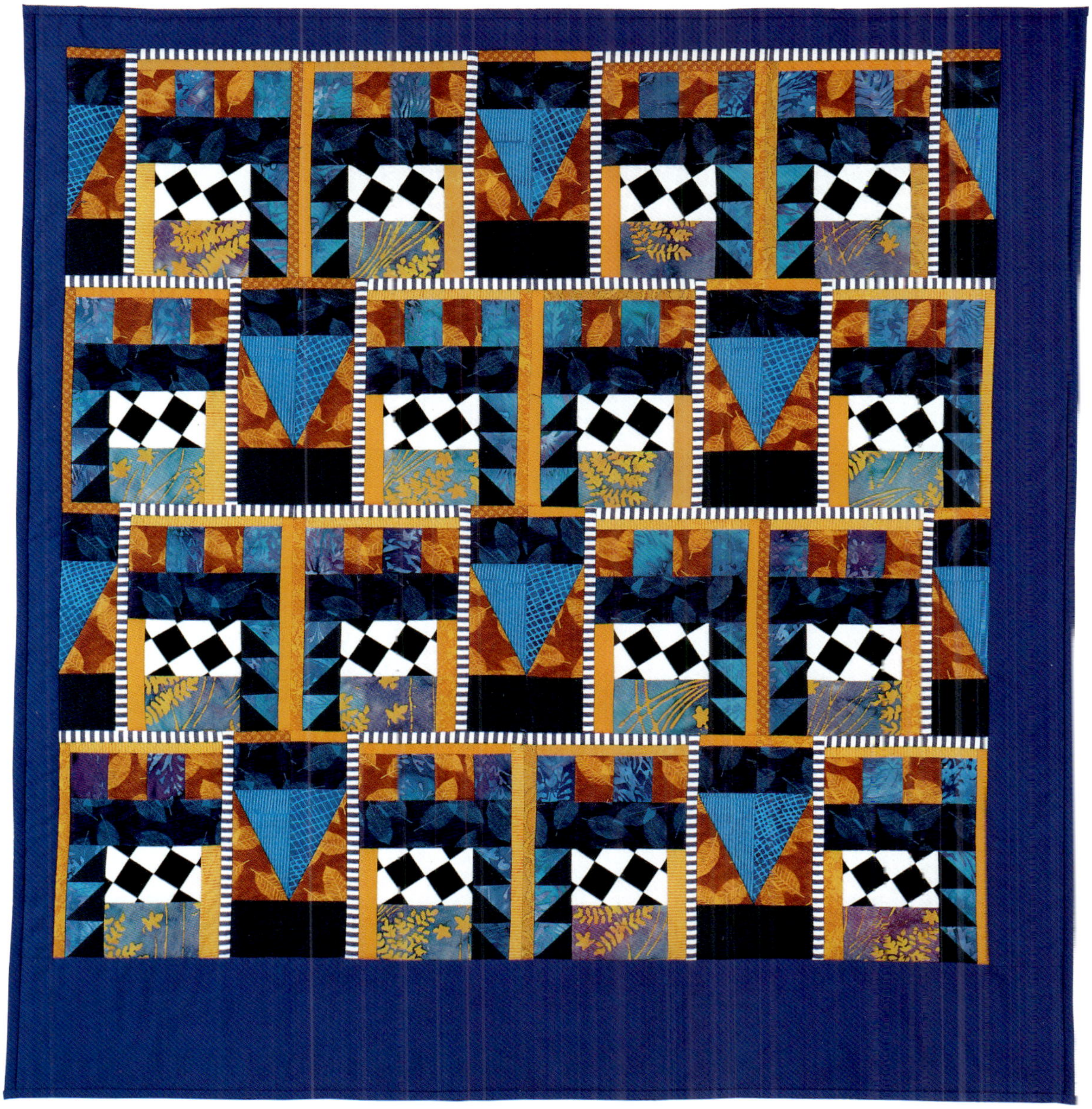

Türkisfarbene Decke

Diese türkisfarbene Decke ist eher symmetrisch in ihrem Aufbau und ihrer Musterwirkung, auch wurden hier spiegelverkehrte Blöcke verwendet. Das heißt, daß die Hälfte der Blöcke so wie in der Abbildung gezeigt, und die andere Hälfte spiegelverkehrt genäht werden sollen. Es handelt sich auch um ein Muster, das sowohl für große als auch für kleine Decken paßt. Die Decke hier ist nach der Symmetriefigur 7 von Seite 18 gemacht und mit einem asymmetrischen Rand versehen.

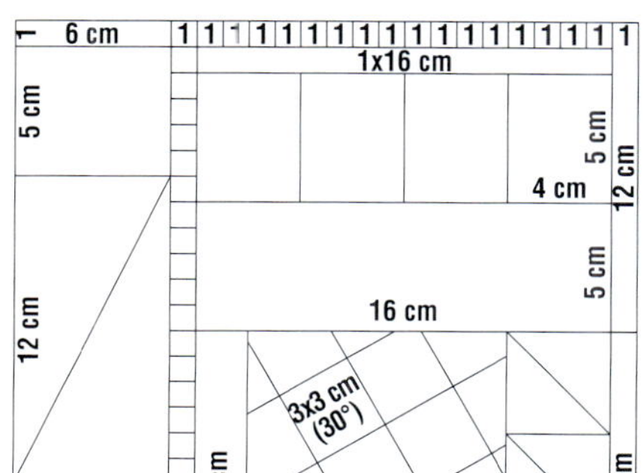

Ethnische Inspiration

Mit dieser Überschrift meine ich Inspiration aus fremden Kulturen. Es liegt nahe, in die Welt hinauszuschauen, wenn man gern Decken machen will, die etwas anders sind als die, zu denen es Anleitungen in Büchern und Zeitschriften gibt. Das Wort Inspiration heißt, daß ich Sie ermutigen will, den Blick auf Objekte anderer Kulturen zu werfen. Das müssen nicht immer nur Decken der einen oder anderen Art sein. Man kann sich durch Keramik, Stickerei, Wandmalerei und vieles andere inspirieren lassen. Wirklich spannend ist es nicht, eine Kopie von etwas zu machen, was schon existiert, sondern vielmehr zu versuchen, aus einer fremden Kultur das zu extrahieren, was einem als das Wesentliche erscheint, und dem dann einen eigenen Ausdruck zu verleihen. Die ganze Welt ist eine wahre Fundgrube von andersartigen Mustern und Farbzusammenstellungen, aus der man schöpfen und dann seinen persönlichen Ausdruck hinzufügen kann! Ich habe zum Beispiel einige Zeit damit verbracht, indianische Gegenstände zu studieren: nicht nur Navajo-Decken, die natürlich eine Menge Muster haben, die man problemlos auf Patchwork übertragen kann (was mir nicht Sinn der Sache zu sein scheint), sondern auch Körbe, Keramik und Perlenschmuck. Daraus entstanden mehrere verschiedene Skizzen, die – ohne Kopien von etwas Vorhandenem zu sein – etwas „Indianisches" für mich ausdrücken.
Stark inspiriert wurde ich auch durch das Buch über japanische Hauseingänge, das eine Bekannte besitzt. Einige Stücke alter japanischer Seide, die ich gerade vorrätig hatte, drängten sich als eine Art Erinnerung an die Bilder in diesem Buch geradezu auf. Ich kann wirklich empfehlen, in Bücher über Kunst und Kunsthandwerk anderer Länder zu schauen, aber Sie sollten sie tunlichst wieder zur Seite legen, wenn Sie anfangen, etwas Eigenständiges zu machen.

Indianische Decke*

Diese Decke ist nur eine aus einer Reihe von Entwürfen, die ich aus einem ganz einfachen Design gemacht habe. Sie können einige andere dieser Entwürfe als Zeichnungen sehen, und weil die Grundelemente groß und ganz einfach sind, ist es ungemein leicht, sie sowohl nach Größe als auch nach Komposition zu variieren. Es geht sehr schnell, verschiedene Entwürfe auf kariertem Papier zu zeichnen und Größe und Stoffverbrauch auszurechnen. Im Buch finden sich keine Schablonen für die Decke, weil die Figuren sehr groß sind, aber sie sind nach der Maßzeichnung leicht anzufertigen.

Größe: 143 × 200 cm

Materialien:

Blauer Stoff: 80 cm
Beiger Stoff: 80 cm
Schwarzer Stoff: 140 cm
Weißer Stoff: 75 cm
Roter Stoff: 55 cm
Stoff für die Rückseite: 150 × 210 cm
Vlies (ich habe *Warm and Natural*-Baumwollvlies verwendet): 150 × 210 cm

Zuschnitt in blauem Stoff:

- 8 Stücke nach Figur A
- 4 Stücke nach Figur B1

Zuschnitt in beigem Stoff:

- 8 Stücke nach Figur A
- 4 Stücke nach Figur B1
- 4 Stücke nach Figur D
- 4 Stücke nach Figur E

Zuschnitt in schwarzem Stoff:

- 4 Stücke nach Figur A
- 2 Stücke nach Figur B1
- 10 Stücke nach Figur B2
- 50 Stücke nach Figur E
- 6 Stücke nach Figur F

Zuschnitt in weißem Stoff:

- 2 Stücke nach Figur A
- 2 Stücke nach Figur C
- 16 Stücke nach Figur E
- 8 Stücke nach Figur F

Zuschnitt in rotem Stoff:

- 16 Stücke nach Figur D
- 30 Stücke nach Figur E

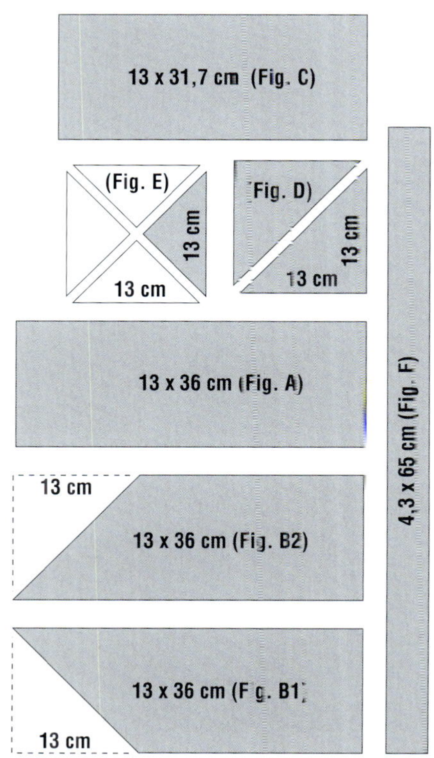

1. Entnehmen Sie dem Bild die Verteilung der Farben. Nähen Sie die großen Dreiecke (Figur D) mit Figur B1 und B2 zusammen. Nähen Sie die kleinen Dreiecke, Figur E, zu Quadraten zusammen (in jedem Quadrat sollen zwei schwarze Dreiecke sein).
2. Nähen Sie die Viertelsektionen, bestehend aus A-, B-, und D-Teilen, mit einer durchgehenden Reihe von Dreiecks-Quadraten (E) dazwischen zusammen. Nähen Sie einen weißen und einen schwarzen schmalen F-Streifen an das eine Ende.
3. Nähen Sie je ein rot-schwarzes Dreiecks-Quadrat, ein weißes C-Stück, ein blau-schwarzes Dreiecks-Quadrat und ein weißes A-Stück zwischen je zwei der Viertelsektionen.
4. Nähen Sie zweimal einen weißen, einen schwarzen und einen weißen F-Streifen zusammen und nähen Sie die zwei zusammengenähten Streifen schmalseitig zusammen, mit einem schwarz-roten Dreiecks-Quadrat dazwischen. Nähen Sie diesen Streifen zwischen die zwei Hälften der Decke, so daß diese an beiden Enden mit einem schwarzen Streifen abschließt.
5. Heften Sie Oberseite, Rückseite und Vlies zusammen und quilten Sie die Decke. Diese ist in den Nähten mit durchsichtigem Nähfaden mit der Maschine gequiltet. Wenn sie zur Nacht zusammengelegt oder aufbewahrt werden soll, ist es besser, sie mehr zu quilten, zum Beispiel mit verschiedenen Mustern innerhalb der großen Flächen, weil sie sonst leicht knittert.
6. Fassen Sie die Decke mit doppeltem Kantenband ein.

Andere Vorschläge

Ein Thema wie dieses läßt sich vielfach variieren. Oben sieht man den ursprünglichen Vorschlag, mit dem ich dann mehrere Möglichkeiten durchprobiert habe. Es kann ganz einfach als Hauptmotiv verwendet werden, wie man das oben sieht, oder es kann mit verschiedenen Formen von Randstreifen und Rändern, wie in dem Beispiel links, versehen werden. In der genähten Decke habe ich das ursprüngliche Muster als eine Art wiederholtes Muster verwendet, indem ich es viermal wiederholt und mit Mittelstreifen gesammelt habe. Einer der Vorschläge, den ich in Gedanken an die Web- und Flechtkunst der Navajo-

Indianer machte, ist die nebenstehende Decke, die einfach aus Streifenpatchwork und *Log Cabin*-Blöcken herzustellen ist. Sie ist keine Kopie einer gewebten Navajo-Decke, sondern ich habe versucht, das Wesentliche davon einzufangen. Gleichzeitig wird sie ohne weiteres in eine moderne Wohnungseinrichtung oder in ein Teenagerzimmer passen. Wenn Sie Rot und Grün in den Vierecken (*Log Cabin*-Blöcken) durch zum Beispiel Blau und Gelb ersetzen, fällt die indianische Prägung weg und läßt das Ganze eher modern als ethnisch aussehen.

Ein anderer Vorschlag (links) baut hauptsächlich auf langen Dreiecken und Streifen auf; er entstand, als ich mich mit Stickereien südamerikanischer Indianer beschäftigte. Die Arbeit konnte mit Hilfe einer Schnelltechnik zum Zusammennähen langer Dreiecke genäht werden (siehe Seite 88).

Bei so einer Decke ist die Farbgebung unglaublich wichtig. Der indianische Charakter geht durch die Verwendung ganz anderer Farben leicht verloren. Wenn Sie also mit ethnischen Inspirationen arbeiten und die ethnische Prägung erhalten wollen, ist es wichtig, einige bestimmte Farbharmonien einzuhalten.

Japanische Decken

Es waren die Inspiration aus einem Buch über japanische Hauseingänge und insbesondere ein paar Stücke alter japanischer Seide, die diese Decke entstehen ließen. Die Seidenstoffe waren alt und mürbe, sie hatten ziemlich dunkle Farben, abgesehen von dem langen geblümten Stück in der Mitte, das sich in etwas klarerem Blau darbot. Ich kombinierte sie mit modern gemusterten japanischen Baumwollstoffen, mit ein paar einfachen chinesischen Stoffen und im übrigen vorzugsweise mit handgefärbten Stoffen. Ein paar kleine Marimekko-Reste haben sich ebenfalls eingeschlichen.
Eine Decke wie diese entsteht an einer Pinwand. Es ist kaum möglich, sie auf einem Stück Papier zu entwerfen, weil die Komposition völlig von Stoffen und Farben abhängt. Es wäre zwecklos, für eine solche Decke Anleitungen und Schablonen vorzugeben. Sehen Sie die Decke als ein Beispiel dafür, daß man manchmal die Stoffe bestimmen läßt, was sie wollen – man lernt auf seine Stoffe zu hören! Und weil keine Stoffsammlung wie die andere ist, kann man solche Decken auch nicht mit einheitlichen Schablonen machen. Aber wenn die Stoffe einigermaßen interessant sind, ist es nicht immer notwendig, sie in Dreiecke oder andere Figuren zu zerschneiden. Wenn man eine Decke wie diese analysiert, stellt man fest, daß sie aus einfachen Formen besteht: Quadraten, Rechtecken und Streifen. Die Kunst ist also, die Formen im richtigen Verhältnis zueinander zu plazieren.
Die Decke mißt 132 × 125 cm und ist überwiegend mit handgesponnener Seide handgequiltet.

Große Flächen

Von Zeit zu Zeit habe ich große Lust, einfachere Decken zu machen, das heißt Decken mit einer sehr viel einfacheren Komposition als den üblichen, aus einer Vielzahl von Dreiecken und Vierecken zusammengesetzten Patchworkmustern. In der Geschichte des Quiltens finden sich verschiedene Beispiele für Decken von größter Einfachheit. Denken Sie nur an die Amish-Decken, die nur aus einem großen Quadrat bestehen, das innerhalb eines anderen Quadrates auf der Spitze steht, und dann ganz einfach mit einem oder mehreren Rändern versehen sind. Ihre starke Wirkung beruht auf ihrer Einfachheit, dem Kontrast zwischen großen Farbflächen und dann dem Quilten, das eine reliefartige Wirkung zum Gesamteindruck beiträgt. Patchwork- und Quilttechniken weisen in Wirklichkeit genauso den Weg zu Einfachheit wie zu sehr arbeitsaufwendigen, mannigfaltigen Mustern, die eine Vielzahl von Schablonen mit verschiedenen Stoffen erfordern. Versuchen Sie, mit ganz einfachen Kompositionen großer Flächen zu arbeiten oder einen kleinen Ausschnitt aus einem Block oder einem Muster zu vergrößern. Sie können zum Beispiel einige einfache Formen (Quadrate, Rechtecke oder Dreiecke) in farbigem Papier ausschneiden und sie vor einem Hintergrund hin- und herschieben, bis Sie eine Komposition bekommen, die Ihnen gefällt.

Maßzeichnung für die Decke auf der nächsten Seite. Jedes Quadrat kann zum Beispiel 5×5 cm messen. Sie können eventuell die Reste des Entwurfs der Vorderseite für die Rückseite verwenden, die dadurch Ähnlichkeiten mit der Vorderseite bekommt, aber trotzdem anders ist. Vergessen Sie aber nicht, das in die Berechnungen für den Stoffverbrauch mit einzubeziehen. Auf diese Weise können Sie einen Wende-Quilt bekommen.

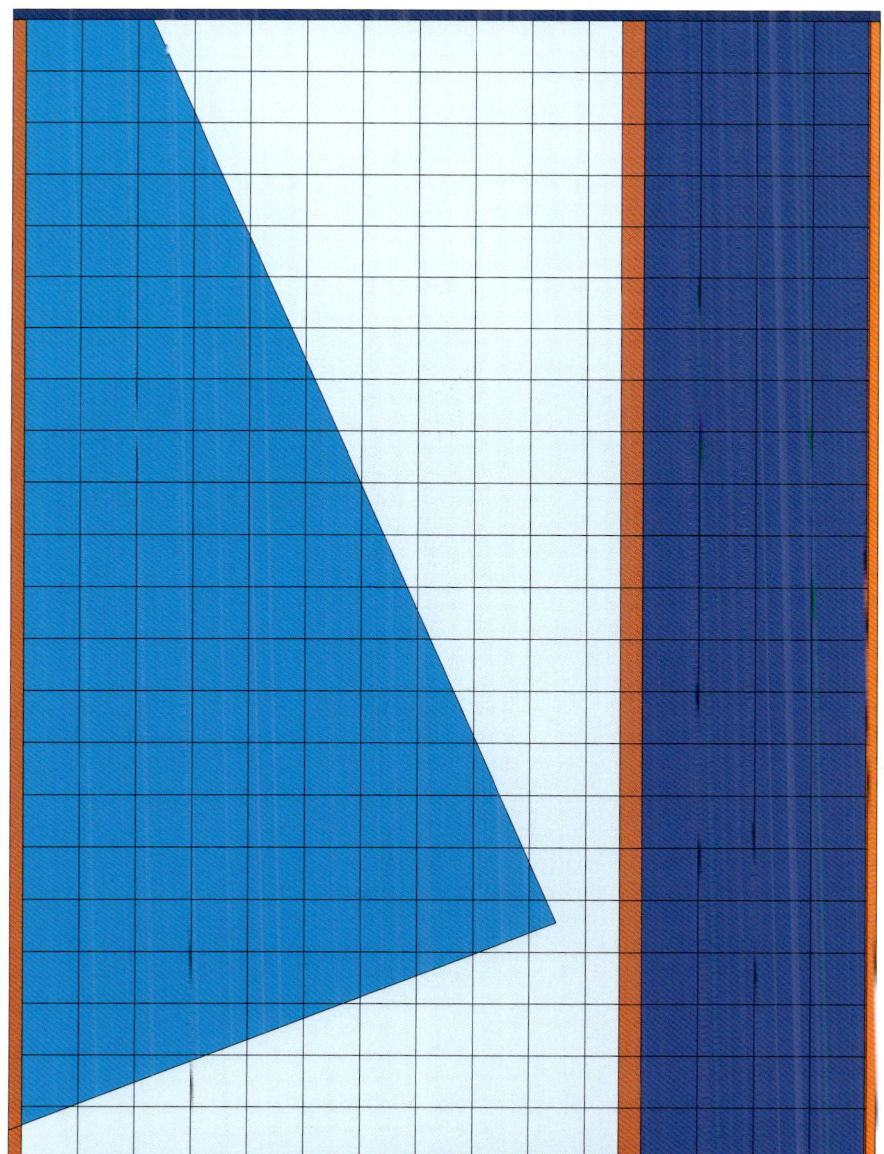

Ganz einfache Decke

Diese Decke besteht aus sehr großen und einfachen Flächen und ist aus grober, nahezu sackleinenartiger Seide gemacht; aber auch mit dünnen Wollstoffen könnte sie gut aussehen. Das Quilten ist hier in regelmäßigen Quadraten über die ganze Fläche ausgeführt, genäht mit schwarzem Mettler-Quiltfaden, der etwas dicker als normaler Nähfaden ist. Das Quilten könnte auch als Knoten-Quilten ausgeführt werden, das heißt kleine Knoten über die ganze Decke mit regelmäßigen Zwischenräumen verteilt. Oder man könnte jede Fläche der Decke mit einem eigenen Muster (mit der Hand) quilten und sehr interessante Wirkungen erzielen.

Wenn Sie zu einem Entwurf kommen, bei dem Flächen andere Flächen überlappen, oder bei dem, wie bei meiner Decke, Flächen auf anderen Flächen liegen, ist es notwendig, daß Sie die Ecken richtig einpassen können (siehe Seite 83). Haben Sie keine Y-Naht, wie auf Seite 83 beschrieben, sollen aber ein Feld in eine ganze Fläche einpassen, müssen Sie bei der ganzen Fläche vorsichtig bis in die Ecke der Nahtzugabe schneiden. Zeichnen Sie eventuell Nählinien auf die linke Seite der Stoffe, genau um die Ecke herum, wo eingepaßt werden soll, oder einen Punkt, der auf beiden Figuren den Schnittpunkt der Nähte angibt. Legen Sie die Figur, die eingepaßt werden soll, mit der einen Seite rechts auf rechts auf den

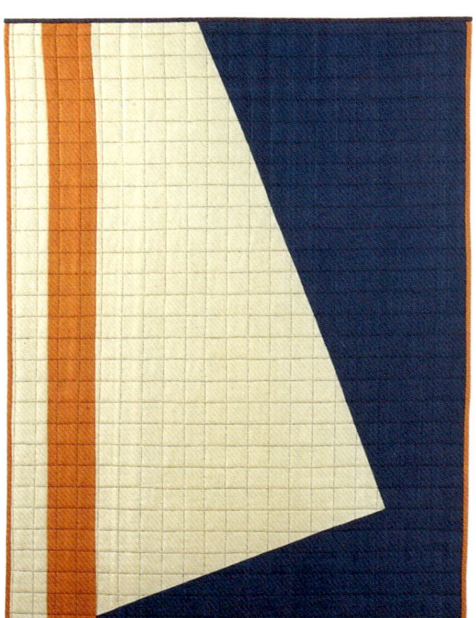

Stoff, in den sie eingepaßt werden soll, so daß Punkte oder Nahtecken genau übereinander liegen. Nähen Sie bis ganz an die Ecke (oder den Punkt) und vernähen die Naht. Nehmen Sie die Arbeit aus der Maschine und machen Sie vorsichtig mit der Schere einen Einschnitt genau in die Ecke der Nahtzugabe bis zur Naht. Die zwei übrigen Seiten können jetzt rechts auf rechts gelegt und zusammengenäht werden.
Ich habe den Entwurf auf Seidenpapier gezeichnet, die Teile ausgeschnitten und sie als Schablonen verwendet. Das kann man mit großen Formen gut machen, wenn man die Seidenpapierteile mit Stecknadeln auf den Stoff heftet. Vergessen Sie nicht, die Nahtzugabe hinzuzufügen, wenn Sie die Stoffteile ausschneiden.
Wollen Sie eine Decke genau wie diese hier machen, können Sie die Maßzeichnung auf der vorherigen Seite dazu verwenden, um nach ihr die Teile zu konstruieren.
Soll es eine kleine Schlummerdecke sein, können Sie jedes Quadrat 5 cm groß machen (das entspricht der Größe bei der gezeigten Decke), und wenn Sie sie größer machen wollen, können die Quadrate nach Bedarf 6, 7 oder 8 cm groß sein.

Spezielle Nähmaschinentechniken

Ich will das Buch mit einem Kapitel über speziellere Nähmaschinentechniken abschließen. Grundlegende Techniken findet man in vielen anderen Büchern. Die Decken in diesem Buch sind alle mit der Maschine genäht, weil ich normalerweise mit der Maschine nähe und davon viel halte. Die meisten davon können natürlich auch mit der Hand genäht werden. Manche, wie zum Beispiel die Double Wedding Ring-Babydecke, lassen sich vielleicht ebensogut mit der Hand wie mit der Maschine nähen, weil sie etwas Übung und Kenntnis von Maschinentechniken erfordern, und sie gehen mit der Maschine auch nicht besonders schnell. Wenn ich sie dennoch auf der Maschine genäht habe, dann deshalb, weil ich jede Herausforderung zu dem Nachweis dafür liebe, daß ich es bin, der über die Nähmaschine bestimmt, und nicht umgekehrt.

Decke mit Nähmaschinentechniken**

Diese kleine Decke ist aus Mustern und Blöcken zusammengesetzt, die entweder eine etwas weiter entwickelte Technik als die Maschinen-Grundtechniken erfordern oder die auf besonders elegante, zeitsparende Weise gemacht werden können. Wenn Sie die verschiedenen Techniken bei dieser Decke probiert haben, sollte Ihnen das Nähen der Decken dieses Buches keine großen Probleme mehr machen. Bei vielen Decken können Sie für Teile davon eine oder mehrere Schnelltechniken anwenden, zum Beispiel für rationelle Schachbrettquadrate oder für schnelle Dreiecke, die als Teilelemente in vielen Mustern auftreten. Blöcke und Muster

Die Blöcke können auf mannigfaltige Weise und für die Deckengröße kombiniert werden, genau wie Sie es haben wollen. Hier ist ein Vorschlag, aber probieren Sie selbst, Ihre eigenen Blöcke auf verschiedene Weise einzusetzen. In vielen Fällen wird die Komposition auch dadurch geprägt, wie Sie Ihre Stoffe kombiniert haben.

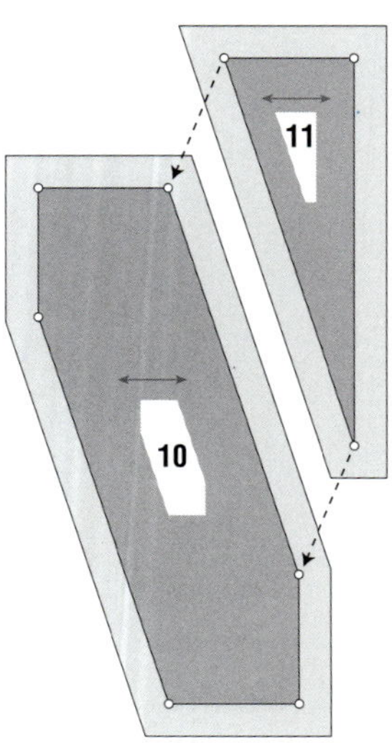

Die Lochmarkierungen dienen zur Sicherung dafür, daß die Schablonen beim Nähen richtig zueinander liegen.

dieser Decke können auf mannigfache Weise und zu Decken von jeglicher Größe zusammengesetzt werden. Die Blöcke für diese Decke hier messen 24 × 24 cm, und alle Musterelemente, auch die eingesetzten ganzen Streifen und Stoffelder, gehen in 24 auf, zum Beispiel 4, 6 und 8.

Schablonen mit Eckmarkierungen

Bei Patchworkmustern, die nicht nur aus Vierecken und rechtwinkligen, gleichschenkligen Dreiecken bestehen, ist es vorteilhaft, wie bei gewöhnlichem, maschinengenähtem Patchwork Schablonen mit Nahtzugabe zu verwenden, aber mit Eckmarkierungen. Das sind Löcher, durch die hindurch auf dem Stoff mit einem spitzen Bleistift oder Farbstift Punktmarkierungen angebracht werden und angeben, wo die Nähte anfangen oder enden. Wenn zum Beispiel Rhomben oder lange Dreiecke einbezogen werden, kann es schwierig sein, genau zu berechnen, wie die Stoffstücke beim Nähen aneinandergelegt werden müssen, damit die Spitzen ganz exakt werden. Die langen Spitzen der Nahtzugaben können gut auf 7,5 mm zurückgeschnitten werden.

Legen Sie die Stoffstücke rechts auf rechts und benutzen Sie die Eckmarkierungen, um eine Stecknadel senkrecht durchzustecken, so daß sie genau durch die Ecken geht, die zusammenpassen sollen. Dann werden die Stoffstücke wie üblich mit Nähten genäht, die von einem Rand zum anderen durchgehen.

Bei allen Schablonen im Buch sind Punkte zum Durchstechen eingezeichnet. Fällt es Ihnen schwer, genau zu nähen, hilft es, wenn Sie vor dem Nähen mit Stecknadeln kontrollieren, ob die Punkte genau aufeinander liegen, aber das ist nicht an allen Stellen unbedingt notwendig. Die Spitzen der Schablonen sind auch abgeschnitten, so daß sie in den meisten Fällen bestmöglich passen, wenn die betreffenden Stoffstücke rechts auf rechts gelegt werden.

Eingesetzte Ecken

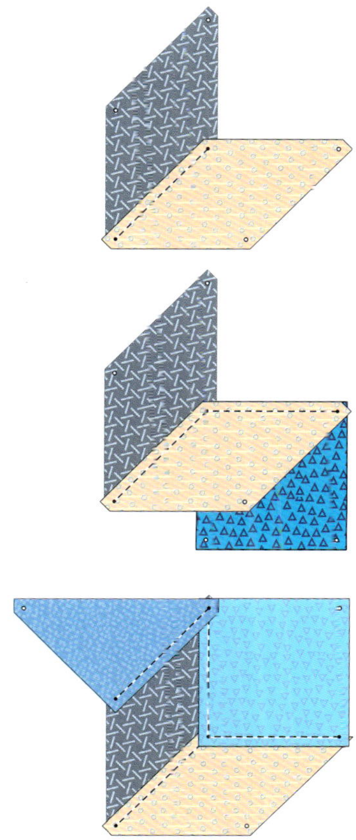

Bei eingesetzten Ecken müssen Sie zu allererst mit großer Genauigkeit nähen und in zweiter Linie Schablonen mit Eckmarkierungen verwenden. Es ist keine schnelle Technik, weil man jedesmal, wenn man „um die Ecke herum" geht, die Arbeit aus der Maschine nehmen und die Stoffstücke umarrangieren muß. Aber wenn Sie gern mit der Nähmaschine nähen, ist es eine Herausforderung, die Ecken glatt ohne Löcher oder Falten hinzubekommen, und wenn Sie die Technik erst einmal beherrschen, ist es gar nicht schwierig. Im Prinzip müssen Sie nähen, als ob Sie per Hand mit Vorstich nähen, also vom Anfang der Nählinie bis zu ihren Ende, und nicht wie normal hinaus durch die Nahtzugabe. Eine Ausnahme gilt wie immer für den Rand des Blocks oder der Arbeit: hier erleichtert es das Zusammennähen der Blöcke beziehungsweise das Annähen, wenn man ganz durch die Nahtzugabe näht.
Wenn es Ihnen schwierig erscheint, die Eckmarkierungen zu erkennen, oder wenn die Figuren klein und kompliziert sind, können Sie auch Schablonen ohne Nahtzugabe verwenden. Vergessen Sie nicht, beim Schneiden Nahtzugabe zuzugeben oder die Nählinien bis ganz hinter die Eckmarkierungen zu zeichnen!

1. Zeichnen Sie nach den Schablonen auf den Stoff wie normal und denken Sie daran, die Eckmarkierungen mit einem spitzen Bleistift oder Farbstift einzuzeichnen. Schneiden Sie mit Schere oder Rollschneider entlang den Schnittlinien. Wenn man mit dem Rollschneider mehrere Lagen Stoff auf einmal schneidet, muß man hinterher die Schablone auf jedes einzelne Stoffstück legen und auf ihm die Eckmarkierungen anbringen. Man kann auch die Nählinien zwischen den Eckmarkierungen einzeichnen.
2. Legen Sie die beiden Teile, die die Ecke bilden sollen, rechts auf rechts und nähen Sie vom Anfang der Nählinie bis zu ihrem Ende. Vernähen Sie an beiden Enden mit ein paar Stichen vorwärts und rückwärts, oder machen Sie einen Knoten im Ober- und Unterfaden.
3. Um ein Stoffstück in die Ecke einzusetzen, legt man es zuerst rechts auf rechts auf das eine der Stoffstücke, mit denen es zusammengenäht werden soll, so daß die Ränder genau parallel laufen und die Markierungen genau übereinander liegen. Das zusammengenähte Stoffstück soll oben liegen. Setzen Sie Stecknadeln, so daß die Stoffstücke nicht zwischendurch verschoben werden. Nähen Sie vom Anfang zum Ende der Nählinie genau bis dahin, wo die andere Naht endet, vernähen Sie und nehmen Sie die Arbeit aus der Maschine.
4. Falten Sie die Stoffstücke auseinander und legen Sie die andere Seite des Stoffstücks, das eingesetzt werden soll, entlang der Kante des anderen Stoffstücks wiederum so, daß die Ränder genau parallel laufen und die Markierungen aufeinander passen. Sorgen Sie dafür, daß in der Ecke, wo die drei Nähte aufeinandertreffen, keine Löcher oder Falten entstehen. Nähen Sie vom Anfang der Nählinie bis zum Ende, das genau da ist, wo die andere Naht beginnt. Halten Sie das Werk hoch und kontrollieren Sie, ob die Ecke glatt und ohne Löcher oder Falten ist.

Denken Sie daran, daß die Nähte, die bis ganz an den Rand des Blocks oder der Arbeit hinausgehen, mit Vorteil ganz durchgenäht werden können.

- Der Sterneblock in der Decke wird auf diese Weise genäht. Schablonen finden Sie auf den Seiten 88–89.

Gebogene Nähte mit der Maschine genäht

Mit gebogenen Nähten müssen Sie zwei Ränder zusammennähen, die, wenn man sie rechts auf rechts legt, einander entgegengesetzt verlaufen, weil der eine konvex und der andere konkav ist. Man kann das sowohl mit als auch ohne aufgezeichnete Nählinien machen, und entweder mit dem konvexen Teil oben liegend oder dem konkaven. Ich will hier sagen, was ich am einfachsten finde.
Sorgen Sie immer dafür, möglichst viele Paßzeichen auf gebogenen Nähten zu haben. Der Rand läuft an gebogenen Nähten zum großen Teil schräg zur Fadenrichtung, außerdem wird der konvexe Rand länger und der konkave Rand kürzer,

wenn die Nahtzugabe dazukommt. Daher ist es sehr wichtig, daß man sich an Paßzeichen halten kann, weil sich sonst die Stoffstücke gegeneinander verziehen können.
Sind die Stoffstücke relativ klein oder haben komplizierte Formen, ist es am einfachsten, nach aufgezeichneten Nählinien zu nähen.

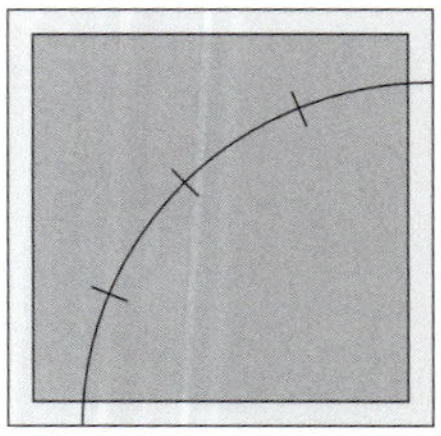

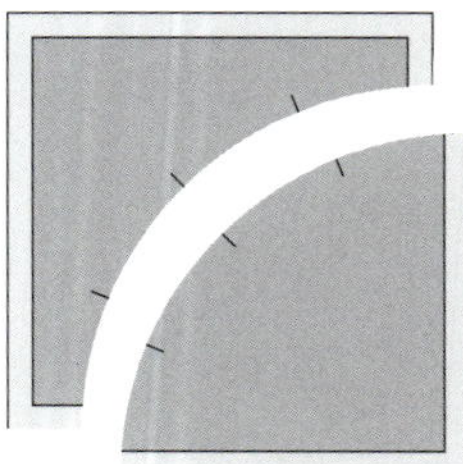

Nähen mit Schablonen ohne Nahtzugabe entlang gebogenen Nähten (Hybridschablonen)

Wenn ich Figuren mit sowohl geraden als auch gebogenen Nähten habe, mache ich, was ich „Hybridschablonen" nenne, das heißt Schablonen mit Nahtzugabe an den geraden Nähten und ohne Nahtzugabe an den gebogenen Nähten.

1. Zeichnen Sie die verschiedenen Elemente auf Karton. Denken Sie daran, Paßzeichen sowohl am konkaven als auch am konvexen Teil zu machen. Legen Sie Nahtzugaben an den geraden Nähten dazu. Schneiden Sie die Schablonen aus und legen Sie sie auf die linke Seite der Stoffe. Zeichnen Sie mit Bleistift oder Farbstift um sie herum, und denken Sie daran, Paßzeichen zu markieren und an den gebogenen Seiten Platz für Nahtzugaben einzurechnen. Schneiden Sie die Stücke, aber vergessen Sie nicht, daß – wenn Sie Hybridschablonen gemacht haben – die Linien auf dem Stoff teils Schnittlinien (die geraden) und teils Nählinien (die gebogenen) sind. An letztere müssen Nahtzugaben gelegt werden. Die Nahtzugabe an den gebogenen Nähten kann nach Augenmaß (höchsten 5–7 mm) geschnitten werden, weil man ohnehin die Nählinien mit Stecknadeln zur Deckung bringen muß und nicht die geschnittenen Ränder Kante auf Kante legen darf.
2. Legen Sie die Teile rechts auf rechts. Normalerweise finde ich es einfacher zu nähen, wenn der konkave Bogen oben liegt. Er ist der „größte" und muß in die andere Richtung „gezwungen" werden, damit man die Ränder zum Folgen bringt, daher neigt er auch zur Faltenbildung. Das läßt sich vermeiden, wenn er oben liegt, so daß man sehen kann, wo die Falten im Entstehen begriffen sind. Wenn Sie aus irgendeinem Grund mit dem konvexen Bogen oben liegend nähen müssen, achten Sie auf eventuelle Falten auf der Rückseite. Normalerweise ist es nicht notwendig, Einschnitte in die Nahtzugaben zu machen, wenn nicht der Bogen sehr klein ist. Wenn es trotzdem notwendig wird, achten Sie darauf, nicht bis ganz an die Naht einzuschneiden. Stecken Sie Stecknadeln durch die Paßzeichen, so daß die übereinander liegen, und stecken Sie auch Stecknadeln in die Nählinien zwischen den Paßzeichen. Verwenden Sie viele Stecknadeln, um den Bogen gleichmäßig zu bekommen. Achten Sie immer darauf, daß es sich um zwei Ränder handelt, die von einander wegstreben, wenn sie nicht festgehalten werden. Nähen Sie genau auf der Nählinie.
3. Bügeln Sie die Nahtzugabe nach innen unter den Bogen. Muß sie aus irgendeinem Grund nach außen gebügelt werden, kann es notwendig werden, Einschnitte in die Nahtzugabe zu machen, um zu verhindern, daß die Naht zieht.

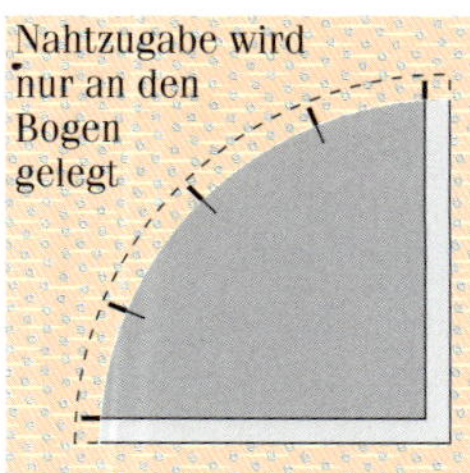

Hybridschablone

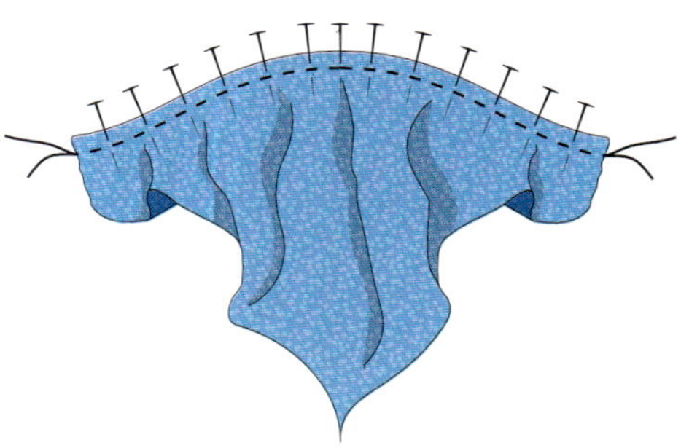

Schablonen mit Nahtzugabe

Sind die Figuren und damit die Bögen groß, können Sie wie sonst Schablonen mit Nahtzugabe machen, aber es ist nach wie vor wichtig, einige Paßzeichen zu haben.

1. Zeichnen Sie eventuell zuerst das Muster auf Papier und zeichnen Sie Paßzeichen überall in die gebogenen Linien des Musters. Schneiden Sie die Schablonen aus und kleben Sie sie mit ausreichendem Zwischenraum für die Nahtzugabe auf Karton auf. Legen Sie (in Nähfußbreite) Nahtzugabe an alle Seiten, und schneiden Sie die Schablonen aus. Stechen Sie Löcher in alle Paßzeichen auf der Nählinie.
2. Nähen Sie, wie oben beschrieben, aber mit Nähfußbreite als Nahtzugabe. Weil überall dieselbe Nahtzugabe angelegt ist, können die Stoffstücke Rand auf Rand gelegt werden, aber achten Sie sorgfältig darauf, daß die Paßzeichen übereinander passen.

- Der Block mit „Zigarren" oder „Orangenschalen" kann nach beiden Methoden genäht werden, aber Blöcke mit mehr ineinander verflochtenen Kreisen werden nach der ersten Methode genäht. Schablonen finden Sie auf den Seiten 89–90.

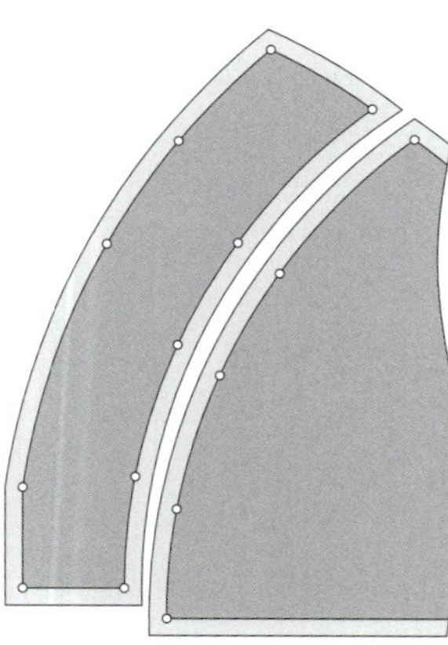

Schablonen mit Nahtzugabe

Schachbrettkaros bequem und schnell gemacht

Bei dieser Methode näht man zuerst zwei Lagen Stoff zusammen, die dann in Streifen geschnitten werden. Die Streifen werden zu einem gestreiften Stück zusammengenäht, das wiederum quer in Streifen geschnitten wird. Diese Streifen werden zu einem Schachbrettfeld zusammengenäht. Man entgeht also der Mühe, erst eine Menge kleiner Quadrate ausschneiden zu müssen.

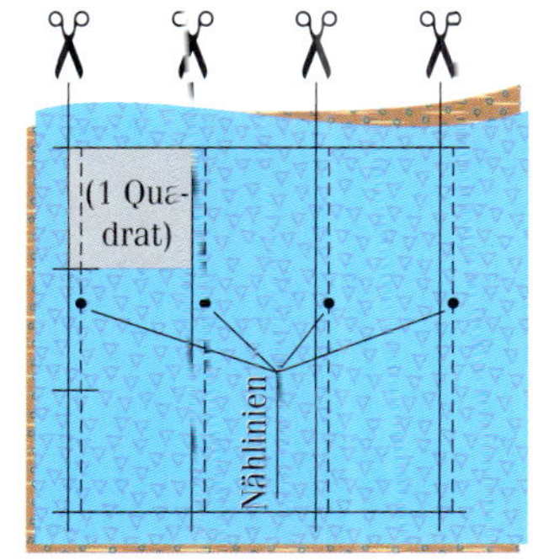

1. Finden Sie zuerst heraus, wie groß die Schachbrettkaros und wie groß das ganze Feld werden sollen. Weist das Feld in der einen oder in der anderen Richtung eine gerade Zahl von Karos auf, kann man sich mit einem gestreiften Stück begnügen. Besteht das Feld aus einer ungeraden Zahl von Karos, braucht man zwei verschieden gestreifte Stücke: eins, das mit dem dunklen Stoff beginnt und endet, und eins, das mit dem hellen Stoff beginnt und endet.
2. Berechnen Sie die Größe der Quadrate inklusive Nahtzugabe. Zeichnen Sie auf den Stoff, auf dem man am besten zeichnen kann, so viele Streifen mit der berechneten Breite (Quadratseite plus zweimal Nahtzugabe), wie man von diesem Stoff in einer Reihe braucht. Die Streifen sollen so lang sein, daß darin die Zahl der Quadrate enthalten ist, die man in der Länge des Feldes braucht. Vergessen Sie nicht, auch auf dieser Seite pro Quadrat zweimal Nahtzugabe dazuzulegen.
3. Legen Sie den Stoff mit der Zeichnung rechts auf rechts auf den anderen Stoff. Bügeln Sie eventuell die Stofflagen aufeinander und halten Sie sie mit Stecknadeln zusammen. Nähen Sie mit Nähfußbreite rechts neben den aufgezeichneten Linien.
4. Schneiden Sie in den gezeichneten Strichen. Die Streifen sind jetzt zwei und zwei zusammengenäht und werden noch ein weiteres mal abwechselnd hell und dunkel zusammengenäht, bis sie das Feld in der endgültigen Größe ergeben. Hat das Feld eine ungerade Zahl von Quadraten, werden die Doppelstreifen zu einem Stück zusammengenäht, das um einen Streifen kleiner ist, als es sein soll. Das Stück wird geteilt (kontrollieren Sie, daß für jede Sorte so viel Platz ist wie sein muß), und dann werden ein dunkler Streifen an das eine Stück und ein heller Streifen an das andere Stück angenäht.
5. Bügeln Sie alle Nahtzugaben zur selben Seite oder unter den dunklen Stoff und schneiden Sie mit Schere oder Rollschneider Streifen in der gleichen Breite, in der Sie zuerst die Streifen aufgezeichnet haben, das heißt Seite plus zweimal Nahtzugabe.
6. Nähen Sie die Streifen zusammen. Hat das Feld eine gerade Zahl von Quadraten, wird jeder zweite Streifen umgewendet. Wenn es eine ungerade Zahl von Quadraten hat, werden abwechselnd ein Streifen mit dunklen Endquadraten und ein Streifen mit hellen Endquadraten zusammengenäht. Achten Sie darauf, daß die Nahtzugaben jeweils richtig liegen. Das tun sie automatisch, wenn es um eine gerade Zahl geht, wobei Sie die Streifen abwechselnd aufrecht oder kopfstehend annähen. Bei ungerader Zahl müssen Sie selbst darauf achten, daß die Streifen richtig liegen.

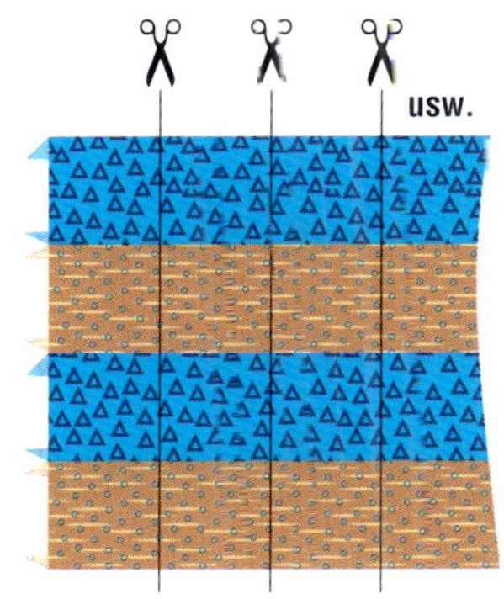

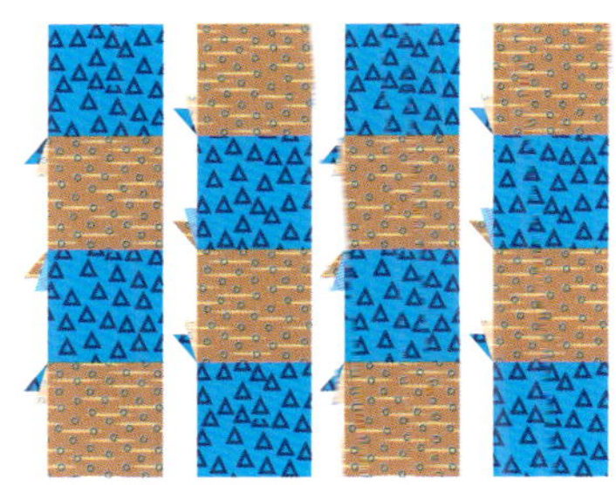

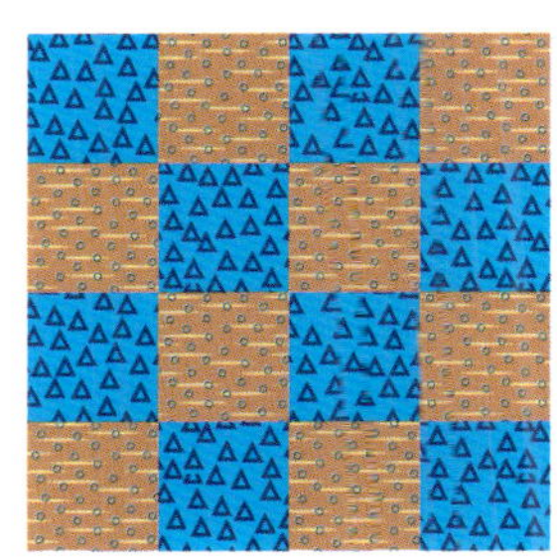

- Block von 24 × 24 cm Größe. Materialien: 2 Stücke Stoff von ca. 35 × 18 cm.

1. Zeichnen Sie drei Streifen von 35 × 5,5 cm auf die linke Seite des helleren Stoffes.
2. Legen Sie die zwei Stoffe rechts auf rechts und nähen Sie mit Nähfußbreite rechts neben den drei Strichen (siehe Abbildung). Schneiden Sie mit Schere oder Rollschneider Streifen aus (schneiden Sie in alle aufgezeichneten Linien).
3. Nähen Sie die zusammengenähten Streifen zu einem Stück mit abwechselnd dunklen und hellen Streifen zusammen. Bügeln Sie die Nahtzugaben zur gleichen Seite oder unter den dunkleren Stoff.
4. Schneiden Sie 5,5 cm breite Streifen quer zum Lauf der Farbstreifen und wenden Sie jeden zweiten Streifen um, so daß ein Schachbrettmuster entsteht. Nähen Sie die Streifen zusammen und bügeln Sie alle Nahtzugaben zur gleichen Seite.

Flying Geese (Fliegende Gänse)

Flying Geese-Elemente bestehen aus zwei kleinen rechtwinkligen, gleichschenkligen Dreiecken auf zwei Seiten (Katheten) eines doppelt so großen gleichartigen Dreiecks. Das heißt, daß das Element immer doppelt so breit wie hoch ist. Das ist ein beliebtes traditionelles Muster und gleichermaßen gut geeignet als Muster für eine ganze Decke wie für einen Rand oder nur ein Deckendetail. Außerdem enthalten viele traditionelle Blöcke *Flying Geese*-Elemente, zum Beispiel *Evening Star.*
Flying Geese-Elemente können auf vielfältige Weise gemacht werden. Hier stehen drei verschiedene zur Auswahl.

Schablonen

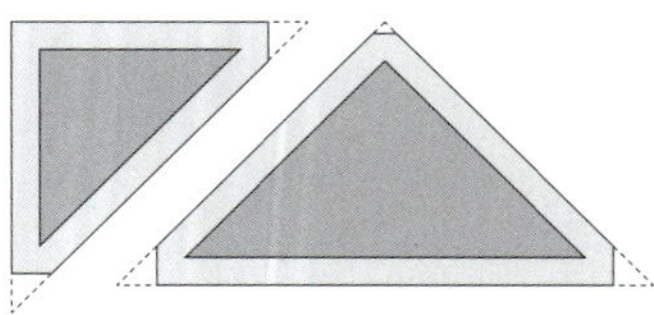

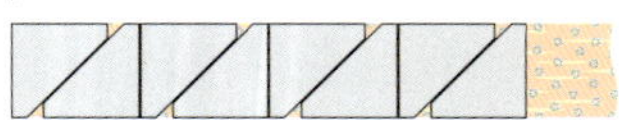

Schablonen auf Stoffstreifen gelegt

Gewöhnliche Methode

1. Machen Sie Schablonen mit Nahtzugabe und schneiden die Spitzen ab, wie in der Abbildung gezeigt.
2. Messen Sie die Höhe der Schablonen und schneiden Sie Streifen sowohl vom „Gänsestoff" als auch vom „Hintergrundstoff" in derselben Höhe. Legen Sie eventuell mehrere „Gänse-Streifen" oder Hintergrundstreifen übereinander. Legen Sie die Schablonen auf die Streifen und zeichnen oder schneiden Sie und bewegen Sie die Schablone auf dem Streifen entlang.
3. Nähen Sie zuerst alle linken Hintergrunddreiecke auf das Gänsedreieck. Bügeln Sie alle kleinen Dreiecke nach außen. Nähen Sie dann alle rechten Hintergrunddreiecke auf und bügeln sie nach außen.

Schnelle Methode für *Flying Geese*

1. Machen Sie eine quadratische Schablone aus 4 Gänsedreiecken einschließlich Nahtzugabe und eine Schablone aus 2 Hintergrunddreiecken, wie in der Abbildung gezeigt. Schneiden Sie die Spitze der Nahtzugabe an der einen Ecke der letzteren ab.
2. Schneiden Sie Quadrate nach der Gänseschablone (die gewünschte Anzahl geteilt durch 4) und Quadrate nach der Hintergrundschablone (die gewünschte Anzahl geteilt durch 2) und zeichnen Sie eine Diagonale auf der linken Stoffseite wie abgebildet.

Schablonen

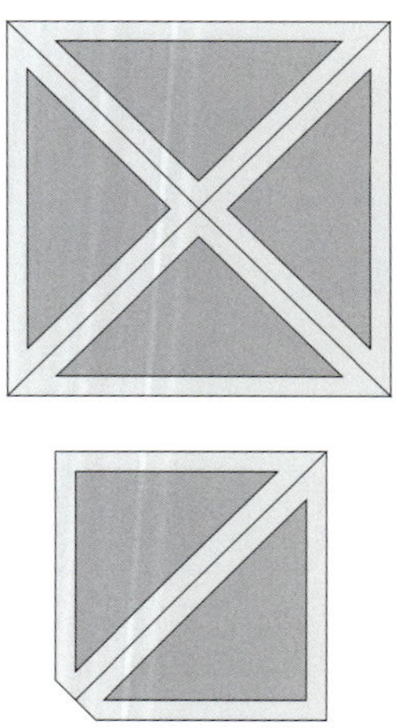

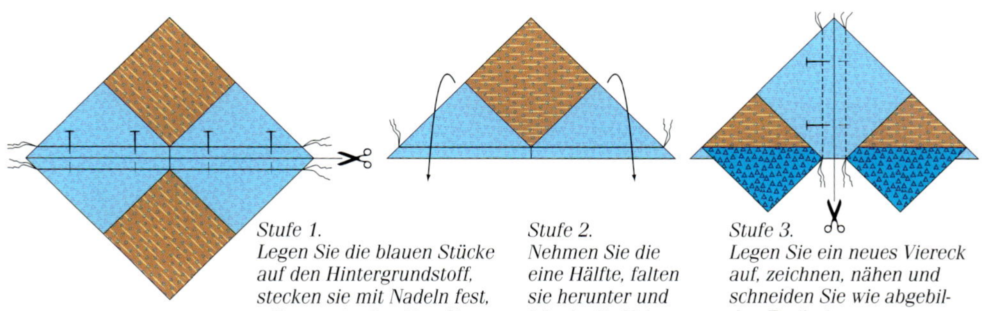

Stufe 1.
Legen Sie die blauen Stücke auf den Hintergrundstoff, stecken sie mit Nadeln fest, nähen und schneiden Sie wie abgebildet.

Stufe 2.
Nehmen Sie die eine Hälfte, falten sie herunter und bügeln die Naht herunter.

Stufe 3.
Legen Sie ein neues Viereck auf, zeichnen, nähen und schneiden Sie wie abgebildet. Ergibt insgesamt 4 Stücke.

3. Legen Sie zwei kleine Quadrate diagonal und rechts auf rechts auf ein großes Dreieck, so daß die abgeschnittenen Ecken in der Mitte aneinanderstoßen und sich der Strich von dem einen Viereck zum anderen geradewegs fortsetzt. Nähen Sie mit einer Nahtzugabe in Nähfußbreite auf beiden Seiten des Striches.
4. Schneiden Sie genau zwischen den Nähten und bügeln Sie die kleinen Dreiecke nach außen. Legen Sie ein kleines Quadrat rechts auf rechts in die Ecke des großen Dreiecks. Nähen Sie auf beiden Seiten der Diagonale.
5. Schneiden Sie auf der Schnittlinie und bügeln Sie die kleinen Dreicke nach außen. Wiederholen Sie alles. Für jedes große Qaudrat bekommen Sie vier *Flying Geese*-Elemente.

Sehr einfache, aber nicht stoffsparende Methode

1. Berechnen Sie die Größe eines fertigen *Flying Geese*-Elements einschließlich Nahtzugabe.
2. Schneiden Sie mit Schere oder Rollschneider Streifen sowohl aus Gänse- als auch aus Hintergrundstoff in derselben Höhe wie das Element einschließlich Nahtzugabe.

3. Zeichnen Sie die Größe des Elements mit Querstrichen auf die rechte Seite des Gänsestoffes. Schneiden Sie die Hintergrundstreifen in Quadrate auf (gleiche Breite wie Höhe). Zeichnen Sie Diagonalen auf die linke Seite aller Hintergrundquadrate.
4. Legen Sie die Hintergrundquadrate rechts auf rechts auf den Gänsestreifen, rechts von den Querstrichen und so, daß der Diagonalstrich von der untersten linken Ecke nach rechts hinauf geht. Befestigen Sie sie mit Stecknadeln.
5. Nähen Sie genau auf dem Diagonalstrich im ersten Quadrat.
6. Heben Sie den Nähfuß an und ziehen Sie die Arbeit so weit aus der Maschine, daß Sie das Dreieck gerade mit dem Finger zurück bügeln können, ohne den Faden zu brechen. Legen Sie ein neues Quadrat so, daß es an den nächsten Strich und das nächste Quadrat anstößt, und daß der Diagonalstrich in die entgegengesetzte Richtung geht. Es lappt etwas über das zuerst genähte und zurückgebügelte Dreieck hinaus.
7. Nähen Sie jetzt genau auf dem Strich dieses Quadrates bis auf die Grundlinie herunter, drehen Sie die Arbeit in der Nähmaschine und nähen Sie wieder nach oben im nächsten Quadrat, das schon früher dort plaziert wurde. Wiederholen Sie Punkt 6 und 7 über den ganzen Streifen hinweg.
8. Schneiden Sie den Streifen in den Querstrichen des Gänsestreifens auseinander, und schneiden Sie das mittlere von den drei aufeinander liegenden Dreiecken ab, so daß Sie eine normale Nahtzugabe erhalten. Bügeln Sie alle kleinen Dreiecke nach außen.

- *Flying Geese*-Elemente für eine Decke.
  Hier werden 12 Elemente von 8×4 cm Größe verwendet, die zum Beispiel in drei verschiedenen Stoffkombinationen gemacht werden können. Das bedeutet, daß man 4 Elemente in jeder Kombination machen kann, und das entspricht zum Beispiel dem, daß man 1 großes Quadrat mit drei verschiedenen Stoffen und vier kleine Quadrate mit drei anderen Stoffen macht, wenn man nach Methode Nr. 2 verfährt. Wendet man Methode 3 an, muß man Streifen von 40×5,5 cm der Gänsestoffe (3 Stücke) und von 45×5,5 cm des Hintergrundstoffes (auch 3 Stücke) schneiden.

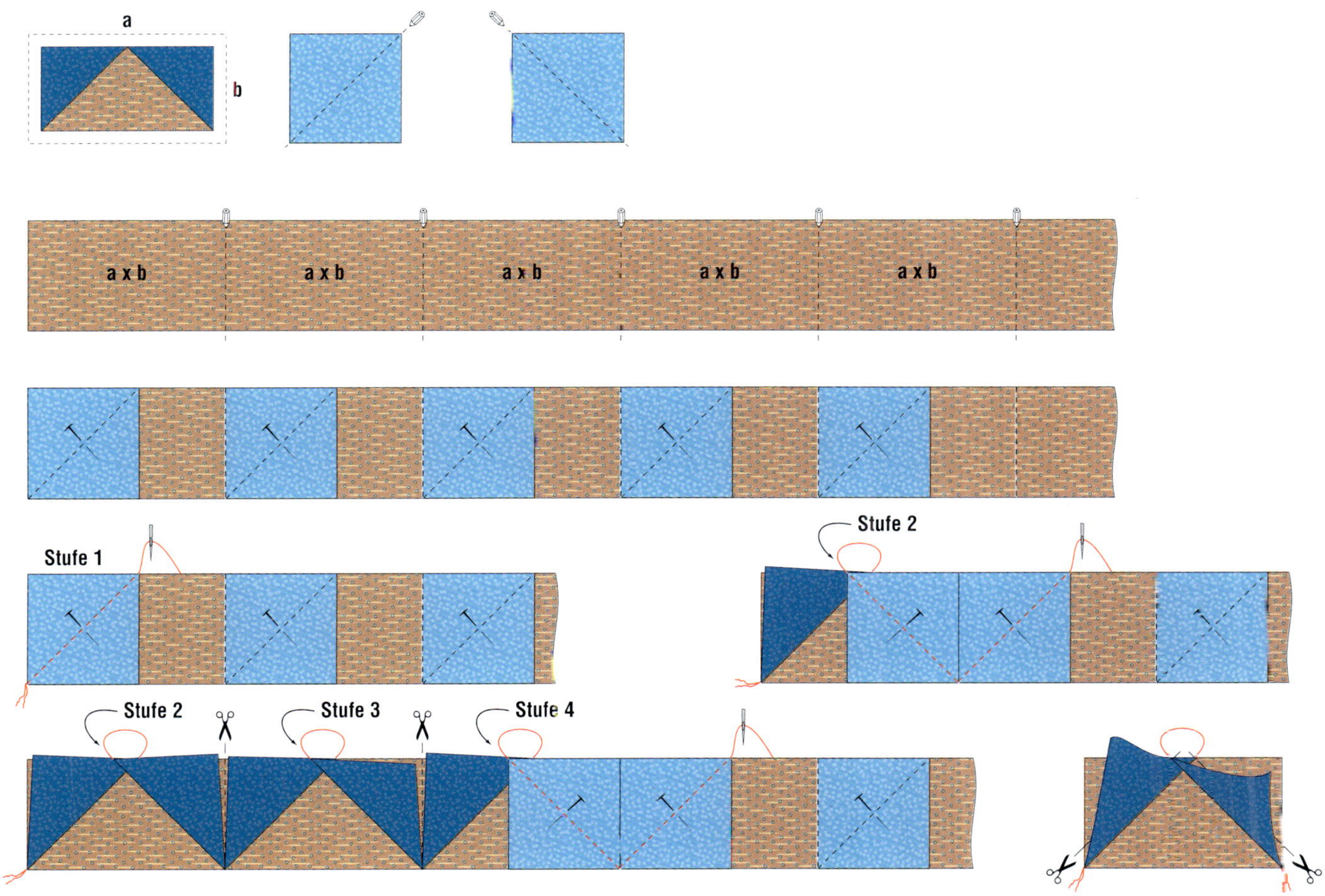

(Lange) Dreiecke nach der Streifenmethode zusammengenäht

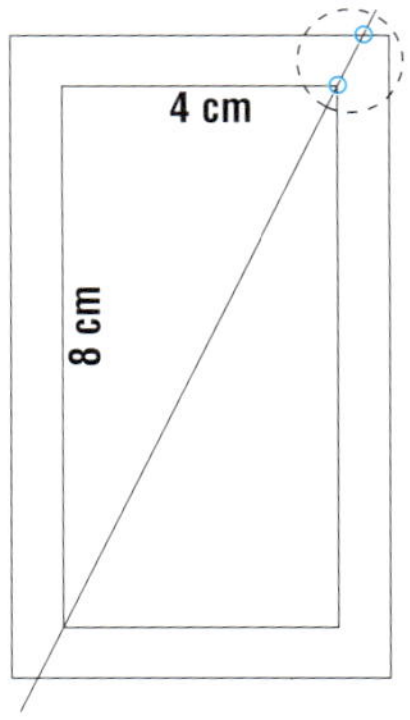

Schablone

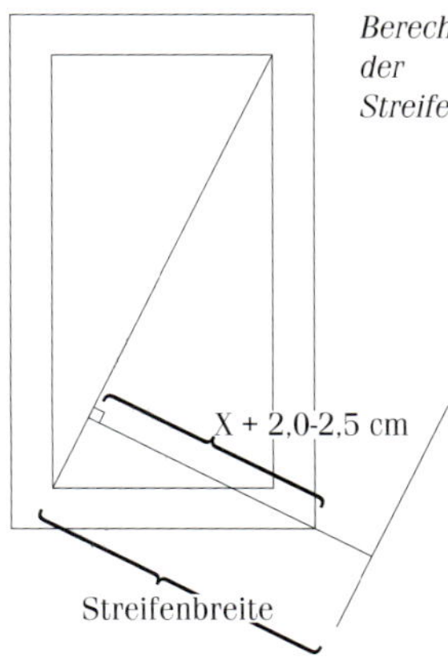

Berechnung der Streifenbreite

Schneiden Sie die Streifen eventuell im Winkel, um geraden Fadenlauf in den Dreiecken zu bekommen.

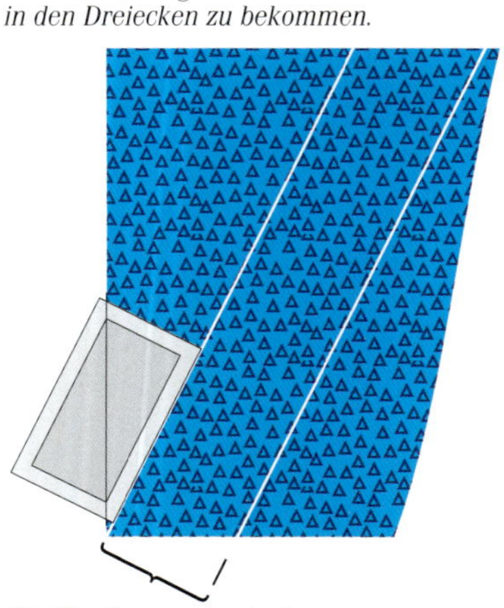

Die Streifen werden in der bestehenden Breite geschnitten.

Man kann Quadrate oder Rechtecke aus Stoff ausschneiden, der bereits in Streifen geschnitten ist, und damit Vierecke bekommen, die aus zwei Dreiecken bestehen. Das kann besonders dann ein Vorteil sein, wenn man lange Dreiecke zusammennähen will, das heißt Dreiecke, deren eine Seite wesentlich länger ist als die anderen. Es ist beschwerlich, sie auszuschneiden sowie sie zusammenzunähen, ohne daß die Spitze sich verschiebt oder verschwindet. Die Methode ist auch sehr gut geeignet, wenn man eine Menge Quadrate, bestehend aus zwei Dreiecken mit vielen unterschiedlichen Stoffkombinationen, machen will.

1. Machen Sie eine Schablone. Das soll in diesem Fall keine Schablone des einzelnen Dreiecks, sondern eine Schablone der zusammengenähten Dreiecke = des Vierecks sein. Zeichnen Sie zuerst das Viereck in der gewünschten Größe und eine Diagonale, die die zwei Dreiecke bestimmt, aus denen es bestehen soll. Wenn es ein Rechteck ist, wird die Diagonale ca. 1 cm über die Seite des Rechtecks hinaus gezogen. Legen Sie an alle vier Seiten Nahtzugaben. Die Diagonale geht nicht durch die Ecken der Nahtzugabe, wenn es sich um ein Rechteck handelt.
2. Messen Sie von einer Ecke des Vierecks aus rechtwinklig auf die Diagonale hin. Legen Sie ca. 2–2,5 cm zu diesem Maß und schneiden Sie Streifen in dieser Breite aus verschiedenen Stoffen (die 2 cm Zusatz sind gerade genug und nur geeignet, wenn man sehr präzis näht). Soll die Fadenrichtung genau entlang den Rechteckseiten verlaufen und nicht entlang der Diagonale – der Hypothenuse der Dreiecke –, müssen die Streifen im gleichen Winkel wie dem der Spitze des Dreiecks ausgeschnitten werden (siehe Abbildung ganz unten).
3. Nähen Sie die Streifen zu einem Stück zusammen, zum Beispiel abwechselnd helle und dunkle Stoffe. Bügeln Sie die Nahtzugaben. Die können hier eventuell offen gebügelt werden.
4. Plazieren Sie die Schablone so, daß deren Diagonale genau einer Naht entlang verläuft. Wenn es sich um ein Rechteck handelt, ist es also die Diagonale, die mit den Nähten zusammentrifft – nicht die Ecken der Schablone sind es. Zeichnen Sie um die Schablone herum und achten Sie darauf, die Schablone in schrägen Reihen über den Stoff zu legen, um dabei so wenig wie möglich zu verlieren.
5. Schneiden Sie mit Schere oder Rollschneider nach den Schnittlinien aus. Sie erhalten so mühelos eine Menge schon zusammengenähter langer Dreiecke.

- Block von 24 × 24 cm für eine Decke
  Wollen Sie einen ganzen Block für eine Decke machen, wird der aus 18 zusammengenähten Rechtecken bestehen.

1. Schneiden Sie mit Schere oder Rollschneider 6 Streifen, am besten aus 6 verschiedenen Stoffen von ca. 7 × 55 cm, und nähen Sie sie zu einem Stück mit abwechselnd dunklen und hellen Streifen zusammen.
2. Legen Sie die Schablone wie beschrieben darüber und markieren Sie die Rechtecke. Hier können es mindesten 20 sein. Schneiden Sie sie aus.
3. Arrangieren Sie die Vierecke zu einem harmonischen Muster, und nähen Sie den Block in Reihen zusammen.

Der Rand der Decke, der aus rechtwinkligen, gleichschenkligen Dreiecken besteht, kann entweder mit der oben beschriebenen Technik oder schneller mit der Schnelltechnik zur Dreiecksherstellung gemacht werden. Diese wird in vielen anderen Büchern beschrieben, unter anderem in meinem „Grundbog i Patchwork“ (Basisbuch für Patchwork, bisher nur in dänischer Sprache erhältlich).

Die Schablonen sind in voller Größe wiedergegeben. 1 Quadrat = 1 cm

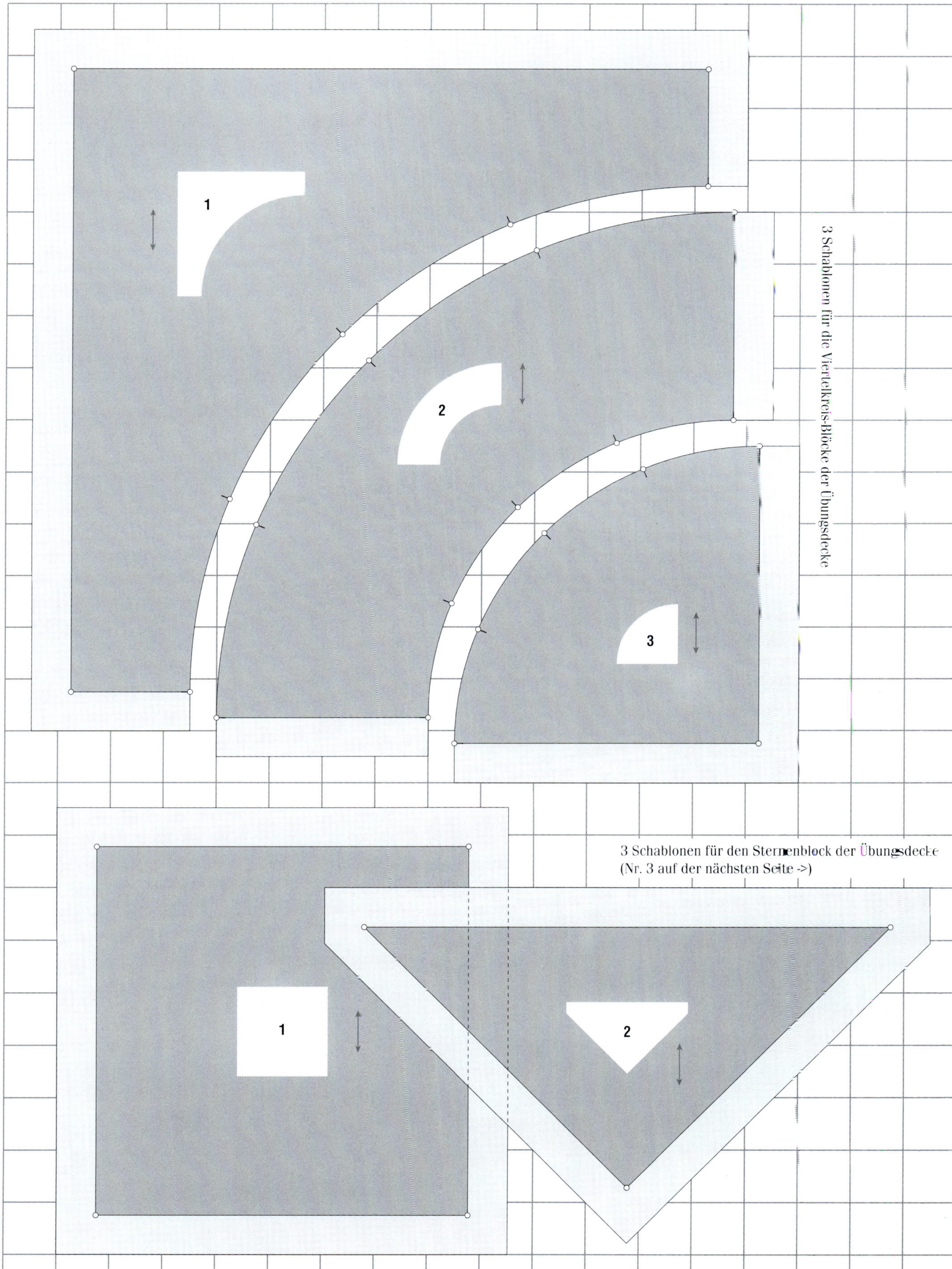

Die Schablonen sind in voller Größe wiedergegeben. 1 Quadrat = 1 cm

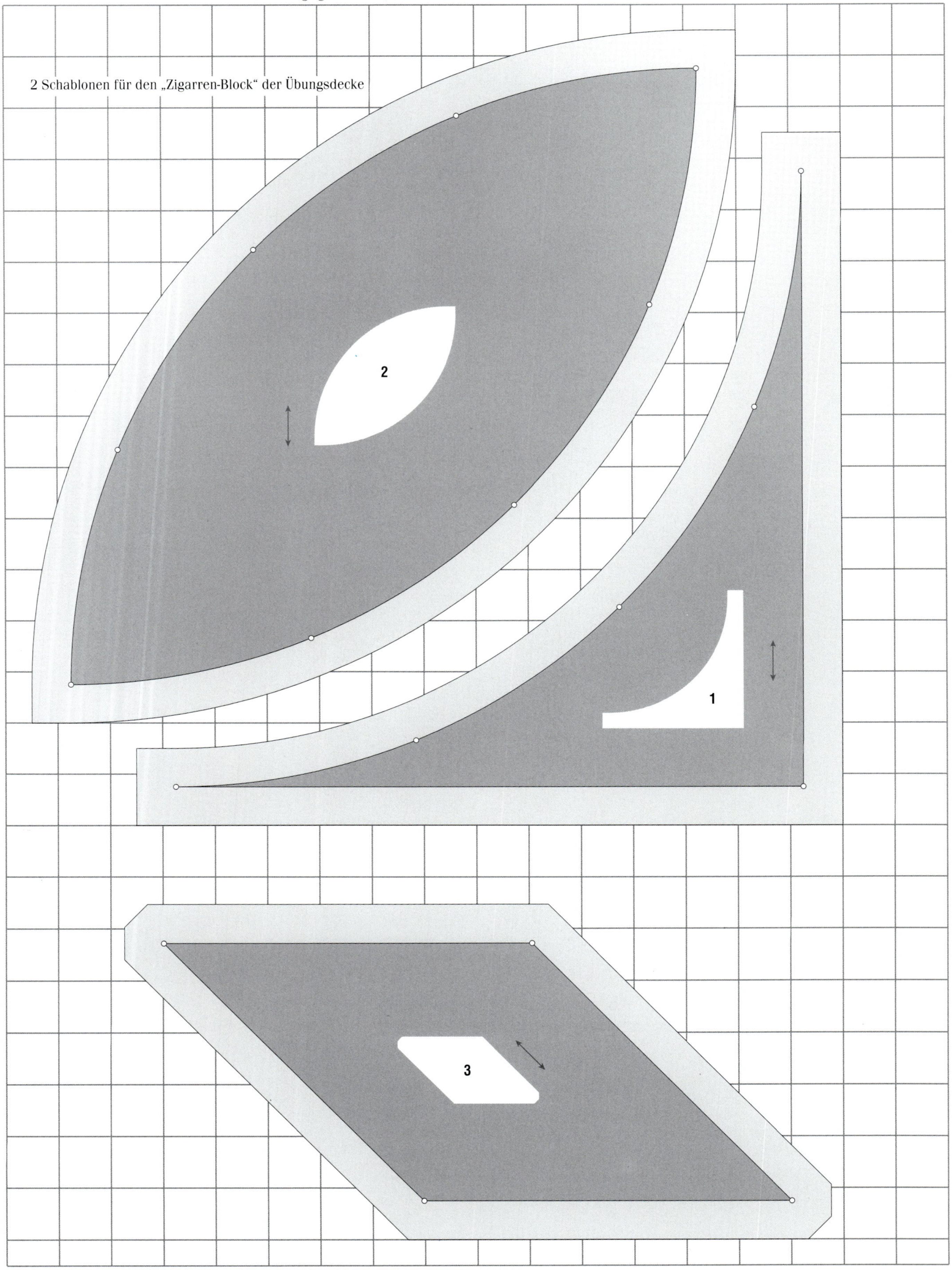

Maschinen-Quilten

Die meisten Decken in diesem Buch sind mit der Maschine gequiltet, und zwar vor allem aus Zeitgründen. Normalerweise entscheide ich mich, wenn ich Decken mit Unikatcharakter mache, zwischen Hand- und Maschinenquilten, je nachdem was ich zum Ausdruck bringen möchte. Aber es geht natürlich schneller, mit der Maschine zu quilten, und das kann auch ein Grund sein, sich dafür zu entscheiden. Eine handgequiltete Decke wird immer „weicher" wirken und mehr Leben und Struktur haben als eine Decke, die in oder neben den Nähten mit der Maschine gequiltet ist. Andererseits kann man auf der Nähmaschine Flächenquiltungen, „Stipplequilting", machen, was mit der Hand nicht so gut funktionieren würde. Außerdem gibt es eine große Auswahl an speziell für die Nähmaschine gefertigten Metall- und Stickereigarnen, die zum Handquilten völlig ungeeignet sind. Wenn Sie also überlegen, ob Sie eine Decke mit der Hand oder mit der Maschine quilten wollen, sollten Sie sowohl die Frage der Zeit als auch des Aussehens berücksichtigen. Ein dritter Aspekt ist die Größe der Decke: ob es überhaupt praktisch ist, sie mit der Maschine zu quilten. Je größer die Decke, desto schwieriger ist es, mit ihr in der Maschine zu hantieren. Wenn Sie sich einen Quiltvorgang vorstellen, bei dem Sie mit geraden Stichen ständig „um die Ecke biegen" müssen, ist das gelinde gesagt mühsam. Wahrscheinlich lohnt es sich hier, statt dessen mit der Hand zu quilten.

Nähmaschine

Sie können mit jeder Art Nähmaschine quilten, weil Sie im Grunde nur geradeaus nähen müssen. Wenn Sie neben oder in den Nähten oder in geometrischen Mustern quilten, ist ein Obertransporteur von großem Vorteil. Bei vielen Pfaff-Nähmaschinen ist er eingebaut und nimmt keinen Platz weg. Für die meisten anderen Maschinen bekommt man Obertransporteure, die nötigenfalls an die Maschine montiert werden. Ein Obertransporteur verhindert wirksam, daß die Lagen sich während des Quiltens verschieben und Falten bilden.
Wollen Sie freie Muster quilten, sollten Sie den Transporteur auch abnehmen können und in Besitz eines Stopffußes sein. Er ist Standardausrüstung bei den meisten Maschinen.
Es ist eine wirklich große Hilfe, wenn man bestimmen kann, ob die Maschine mit der Nadel oben oder unten anhalten soll. Sowohl für das gewöhnliche Geradeausquilten, wobei Sie oft „um die Ecke biegen" müssen, als auch für das freie Quilten mit Stopffuß, wobei Sie manchmal mitten in einem Muster anhalten müssen, ist es eine große Hilfe, wenn die Nadel in der Arbeit bleibt.
Eine Einrichtung, die an einer Nähmaschine ebenfalls sehr nützlich sein kann, ist ein Indikator, der anzeigt, daß der Unterfaden ausgeht. Es ist nicht besonders angenehm, gerade einen langen Quiltstich begonnen zu haben und plötzlich geht der Unterfaden aus.

Der Arbeitsplatz

Das Quilten mit der Maschine stellt an Ihren Nähtisch größere Anforderungen als normale Nähaufgaben. Um eine größere Arbeit steuern zu können, ist es wichtig, daß der Platz links vor und hinter der Nähmaschine frei ist – also ohne Stoffstapel, Scheren, Schneidelineale oder andere Utensilien, die alle auf dem Fußboden landen würden. Der ideale Quiltarbeitsplatz wäre ein nahezu L-förmiger Tisch, in den die Maschine so eingebaut ist, daß sie mit der Tischplatte auf gleicher Ebene wäre. Das ist für die meisten etwas schwierig zu verwirklichen, aber schon ein links neben Ihnen aufgestelltes Bügelbrett in gleicher Höhe mit der Nähebene der Maschine kann eine große Hilfe sein. Eine der Unannehmlichkeiten beim Maschinenquilten ist, daß es schwerfällt, mit einer größeren Arbeit herumzuhantieren, die ständig auf dem Weg nach unten ist, zuerst von der Nähmaschine und dann von der Tischkante aus – das führt zu Verspannungen in den Schultern. Man kann für fast alle Maschinen spezielle Verlängerungstische kaufen. Die sind nach

meiner Meinung nicht groß genug, aber doch eine gute Hilfe, wenn Sie sich ernsthaft auf das Decken-Quilten verlegen. Wenn Sie große Decken quilten, werden Sie den Teil zusammenrollen müssen, der beim Nähen im Bereich der Maschine ist. In manchen Fällen haben Sie die beste Kontrolle über die Decke, wenn Sie sie über Ihre linke Schulter gleiten lassen. Sie können sie auch im Schoß wie eine Ziehharmonika gefaltet halten, aber dann müssen Sie ständig aufpassen, daß sie nicht an der Tischkante oder an den vorderen Kanten der Nähmaschine hängenbleibt.

Lagen zusammenheften

Viele benutzen am liebsten Sicherheitsnadeln zum Zusammenhalten der Lagen, wenn die Decke mit der Maschine gequiltet werden soll, aber man soll es sich gut überlegen, wo man sie anbringt. Für eine Bettdecke von 150×210 cm braucht man ungefähr 250 Stück, und sie sollten am besten dort angebracht werden, wo nicht gequiltet werden muß, weil man sie beim Nähen nicht so leicht herausbekommt. Ich hefte die Decke meistens zusammen – nicht besonders dicht, aber dafür setze ich eine Menge Stecknadeln in das Umfeld, wo ich quilten will. Stecknadeln bekommt man schnell wieder heraus, und sie verfangen sich auch nicht am Nähfuß, wozu dagegen die Heftfäden neigen. Verwenden Sie speziellen, leicht reißenden Heftfaden, so daß dieser – und nicht Ihr Quilt – reißt, wenn Sie ihn wieder herausnehmen wollen.

Vernähen

Unabhängig davon, ob Sie mit gewöhnlichem Nähfuß und zugeschaltetem Transporteur oder mit Stopffuß und ohne Transporteur nähen, ist es von Vorteil, damit zu beginnen, daß man die Nadel einmal durch den Stoff führt und den Unterfaden auf die Vorderseite hervorholt. Das ist bei gewissen Nähmaschinentypen eine Voraussetzung für gut gelungenes freies Quilten oder Sticken.

Das Vernähen selbst kann auf mehrere verschiedene Arten geschehen:

1. Ober- und Unterfaden können auf die linke Seite der Arbeit gezogen werden. Dort werden Knoten gemacht und beide werden zwischen die Lagen vernäht.
2. Sie können 2–3 Stiche vorwärts und rückwärts am Anfang und am Ende der Naht nähen. Bei näherer Betrachtung wird dies sichtbar, aber es ist eine leichte und schnelle Methode.
3. Stellen Sie die Stichlänge gegen 0, machen Sie ein paar Stiche und drehen dann die Stichlänge auf die Länge hoch, mit der Sie nähen wollen. Wenn Sie die Naht abschließen, halten Sie ein paar Millimeter vorher an, stellen die Stichlänge gegen 0 und nähen ein paar Stiche. Ober- und Unterfaden können danach ganz dicht am Stoff abgeschnitten werden.

Maschinenquiltmuster

Jeder Quilt verdient sein eigenes spezielles Quiltmuster. Studieren Sie die Linien des Quilts und lassen sich von ihnen zu eigenen Ideen inspirieren. Sie können aber auch ganz andere Muster erfinden, als sie der Quilt selbst anbietet. Quilten Sie zum Beispiel verschiedene kunstvolle flächendeckende Muster auf einfarbige Flächen, oder quilten Sie neue Muster über ein Patchworkmuster hinweg oder Laub/Blätter über einen ansonsten stark geometrischen Quilt. Wenn Sie ein großgemustertes Stück Stoff als Rückseite verwendet haben, können Sie die Decke auch von der Rückseite her in den Linien des Stoffes quilten und auf diese Weise zu überraschenden Quiltmustern auf der Vorderseite kommen.
Im großen und ganzen kann man sagen, daß es zwei verschiedene Arten gibt, mit der Maschine zu quilten. Man kann entweder mehr geometrische Muster mit geraden Linien quilten oder entlang oder in den Nähten quilten – das geht mit gewöhnlichen Stichen – oder man kann freie, organische Muster mit Stopffuß und ohne Transporteur quilten. Letztere Art ist von Vorteil bei größeren Arbeiten: man muß diese nicht zwischendurch wenden und drehen, dafür erfordert sie eine gewisse Übung, weil es ein Zusammenspiel gibt zwischen Ihrer Nähgeschwindigkeit und Ihrer Art, die Arbeit zu bewegen.

Quilten mit gewöhnlichem Nähfuß

Diese Technik eignet sich am besten für lange gerade Linien, große gebogene Linien oder Motive, bei denen es sehr wichtig ist, daß die Linien schnurgerade wie nach einem Lineal gezogen sind. Vergessen Sie nicht, daran zu denken, wie groß Ihre Arbeit ist. Es ist wenig sinnvoll, einen großen Quilt ständig in der Maschine herumdrehen zu müssen. Es ist unbedingt von Vorteil, entweder Linien von Kante zu Kante zu machen, oder Muster mit kontinuierlichen Linien, so daß Sie nicht hin- und herspringen und heften müssen. Bei einigen neuen Maschinen findet man eine spezielle Stichtype, mit der man Handquilten imitieren kann. Das funktioniert so, daß die Maschine zwei Stiche nach vorn, dann vor und zurück im selben Stich, dann wieder zwei Stiche nach vorn und so weiter näht. Wenn man unsichtbaren Faden (Polyamid Monofilament, den es sowohl hell als auch rauchfarben gibt) als Oberfaden in die Maschine einlegt und als Unterfaden einen Faden, der in der Farbe zur Oberseite paßt oder mit ihr kontrastiert, und die Oberfadenspannung ziemlich stark – 8 bis 9 auf meiner Nähmaschine – anzieht, wird der Unterfaden bei jedem zweiten Stich an die Oberseite gezogen und es sieht dann so ähnlich wie mit der Hand gequiltet aus. Kontrollieren Sie, daß das Quilten die Arbeit nicht zu sehr zusammenzieht. Wenn das geschieht, schneiden Sie den Oberfaden mit langen Enden ab und lockern Sie ihn mit einer großen Nadel. Weil die Oberfadenspannung so stark ist, daß der Oberfaden den Unterfaden zur Vorderseite hochzieht, läßt sich der Oberfaden hinterher ziemlich leicht ein wenig lockern.

Freies Maschinenquilten mit Stopffuß

Zum freien Maschinenquilten gehen Sie auf Stopffuß oder Stickfuß über und nehmen den Transporteur weg. Der Stoff kann jetzt unter dem Nähfuß frei bewegt werden, solange die Nadel oben ist. Sie können also in alle Richtungen nähen, ohne die Arbeit zu wenden oder zu drehen. Nur in dem Augenblick, in dem die Nadel durch den Stoff dringt, geht der Nähfuß nach unten und hält den Stoff fest. So passiert es Ihnen nicht, daß Sie an der Arbeit ziehen oder die Nadel brechen. In der Praxis können Sie den kurzen Augenblick, in dem die Bewegung unterbrochen wird, nicht merken; es fühlt sich so an, als ob man den Stoff ungehindert bewegen kann. Die Stichlänge kann auf 0 eingestellt werden, Sie bestimmen die Stichlänge, die davon ab-

hängt, ob Sie den Stoff schnell oder langsam im Verhältnis zur Nähgeschwindigkeit bewegen. Versuchen Sie, Ihren eigenen Rhythmus zwischen Bewegung und Stichlänge, das heißt die Koordinierung zwischen Auge und Fuß, herauszufinden. Die Stichlänge wird fast unvermeidlich etwas ungleichmäßiger als im Normalfall, in dem der Transporteur die Stichlänge steuert. Durch das freie Maschinenquilten wird es möglich, nahezu alle Formen für Muster zu quilten oder zu schreiben, Ihren Namen etwa oder alles mögliche andere.
Mit etwas Übung kann man wirklich tüchtig in der Beherrschung sowohl linearer als auch sanft gebogener Muster werden. Es gilt wiederum, daß es von Vorteil ist, wenn die Muster in kontinuierlichen Linien zusammenhängen. Es ist eine hervorragende Technik für flächendeckende Muster auf großen Decken, weil Sie eben nicht die ganze Arbeit wenden müssen, aber in alle Richtungen nähen können – nach oben und unten, nach rechts und links. Üben Sie sowohl an eckigen, mehr geometrischen Mustern als auch an weichen, organischen. Kontrollieren Sie die Fadenspannung, und stellen Sie sie so ein, daß Sie sicher sind, den Unterfaden nicht auf der Oberseite des Quilts sehen zu können. Die Oberfadenspannung muß öfters leicht gelockert werden.

Quiltfaden

Was das Maschinenquilten betrifft, gibt es wie schon erwähnt sehr viele Möglichkeiten. Zum ersten können Sie leicht mit einem Baumwollfaden guter Qualität nähen, zum Beispiel mit Dominator, aber wenn Sie es gern haben, daß das, was Sie gequiltet haben, deutlicher hervortritt, können Sie Maschinenquiltfaden nehmen wie zum Beispiel Mettler 40/3. Nehmen Sie nie Quiltfaden, der zum Handquilten bestimmt ist und fabrikmäßig gewachst sein kann, da die Fadenspannung Ihrer Maschine davon Schaden nehmen kann. Außerdem gibt es eine große Auswahl blanker Stickgarne, „Kunstseide“ oder Rayon, und spezielle metallische Nähmaschinengarne, die ebenfalls sehr gute Effekte ergeben können, speziell wenn Sie die Schmuck- oder Stickereistiche Ihrer Maschine ausnutzen oder frei quilten. Schließlich gibt es unsichtbaren Nylonfaden, der ein Polyamid-Monofilament, das heißt eine einzige lange Faser ist. Das bedeutet, daß er nicht so stark wie gewöhnlicher Nähfaden ist und daß er auf lange Sicht unter ultraviolettem Licht, also Sonnenlicht, leidet. Sie sollten ihn also nicht für Decken verwenden, die eine Zukunft als Erbstück oder als Decke für Betten vor sich haben, die stundenlang in der Sonne stehen; dennoch kann er in gewissen Fällen eine praktische Lösung sein. Als Unterfaden können Sie einen normalen Nähfaden verwenden, der zum Stoff der Rückseite paßt. Vergessen Sie aber nicht, die Fadenspannung zu kontrollieren, und achten Sie eventuell darauf, daß die Oberfadenspannung so locker ist, daß man den Oberfaden auf der Rückseite gerade noch ahnen kann. Das ist wichtig, wenn Ober- und Unterfaden sehr unterschiedlich sind.

Tips

Klebestift auf Schablonen

Wenn Sie Ihre Schablonen dazu verwenden, mit Rollschneider und Lineal nach ihnen zu schneiden, ist es vorteilhaft, sie auf der Rückseite mit einem löslichen Klebestift zu bestreichen. Dann bleiben sie auf dem Stoff liegen, auch wenn Sie Ihr Lineal darüber legen, und sie können leicht weiterbewegt werden.

Markierung auf dem Schneidelineal

Müssen Sie viele Streifen in gleicher Breite schneiden, ist es nützlich, ein kleines Stück Kreppklebeband an die Markierung auf dem Lineal zu kleben, nach der Sie schneiden. So können Sie immer kontrollieren, ob die Stoffkante am Klebeband anliegt. Es geht ziemlich schnell, daß Sie in der Hitze des Gefechts auf eine falsche Zahl des Lineals schauen, und es ist ärgerlich, am Schluß mit Streifen in der verkehrten Breite dazustehen.

Rationelle Schneidetechnik

Arbeiten Sie gern mit Rollschneider und Lineal, so schneiden Sie die Stoffe in Streifen, deren Breite der Höhe der verschiedenen Schablonen entspricht (siehe Abbildung Seite 6). Sollen viele von einer Sorte geschnitten werden, können Sie die Streifen übereinanderlegen und mehrere Lagen auf einmal schneiden. Verwenden Sie den Klebestift auf der Rückseite der Schablonen.

Kettennähverfahren

Sollen für eine Decke viele einheitliche Blöcke gemacht werden, lohnt es sich, einheitliche Elemente für alle Blöcke auf einmal hintereinanderweg zu nähen. Legen Sie dieselben zwei Stoffstücke für alle Blöcke zusammen, und lassen Sie sie durch die Nähmaschine laufen, ohne den Faden zwischendurch abzuschneiden, bevor alle genäht sind.

Bügeln

Müssen Sie Patchwork bügeln, ist ein dickes Stück Frottee oder Frotteehandtuch auf dem Bügelbrett von Vorteil. Oft ist es am einfachsten, die Nahtzugabe auf eine Seite zu bügeln, indem Sie die zusammengenähten Stoffstücke auf dem Bügelbrett ausfalten, so daß Sie ein Stück auf der rechten Seite bügeln. Dabei können Sie auch riskieren, daß Durchdruckspuren der Nahtzugaben entstehen oder daß der Stoff glatt gebügelt wird, wenn Sie keine weiche Unterlage unter der Arbeit liegen haben. Zum Schluß, unmittelbar bevor Sie den Quilt zusammenheften, ist es gut, die Oberseite bügeln zu können. Weil oft mehrere Nähte an einer Stelle zusammenlaufen und dort einen Knotenpunkt bilden, besteht die Gefahr, daß man dort durch das Bügeln eine glänzende Stelle bekommt, wenn man keine weiche Unterlage hat.

Wenn der Faden beim Quilten reißt

Ist es Ihr Problem, daß Metallfaden, unsichtbarer Faden oder anderer Spezialfaden beim Nähen reißen, gibt es verschiedene Möglichkeiten zur Abhilfe. Untersuchen Sie erst, ob es daran liegt, daß der Faden aus der Spule fällt und sich um die Spulenhalterung wickelt. Viele metallische und Stickereigarne sind so glatt, daß sie von der Spule fallen, wenn sie aufrecht steht. Ist das der Fall, legen Sie ganz einfach die Spule in einen Krug oder etwas ähnliches und führen im übrigen den Faden über denselben Weg wie sonst. Ist das nicht der Grund, probieren Sie es mit einer größeren Nadel in der Maschine oder mit einer Stickerei-Nähmaschinennadel, die speziell für solche Fäden gemacht ist. Stickerei-Nähmaschinennadeln sind mit einem roten Zeichen markiert – und sind auch gut zum Quilten.

Aufspannen von Decken

Decken, die mit der Maschine gequiltet sind, haben die Tendenz, sich etwas zusammenzuziehen, was besonders dann ein Problem sein kann, wenn die Mitte stark gequiltet ist und der Rand nicht. Hier hilft meistens ein Tag Aufspannung. Sie können eventuell die Decke mit einem feuchten Handtuch oder einer Sprühflasche etwas anfeuchten.

Literatur

Bücher über Geometrie oder Muster

Ala, Marco: *Elementære geometriske konstruktioner.* Bogan 1988, DK
Beyer, Jinny: *The Quilter's Album of Blocks & Borders.* EPM Publications, Inc. Virginia, USA
McDowell, Ruth B: *Symmetry.* C&T Publishing 1994, California, USA
Smidt, Svend: *Politikens ornament atlas.* Politikens Forlag 1971, København, DK
Wade, David: *Geometric Patterns & Borders.* Wilwood House 1982. London, UK
Washburn, Dorothy K. und Donald W. Crowe: *Symmetries of Culture.* University of Washington 1988, Seattle, USA

Bücher zur Inspiration

Berlant, Anthony und Mary Hunt Kahlenberg: *Walk in Beauty, The Navajo and Their Blankets.* New York Graphic Society 1977, Boston, USA
Gostelow, Mary: *Broderi fra hele verden.* Marshall Cavendish Ltd. 1977, England
Meurant, Georges: *Shoowa Design.* Thames and Hudson 1986, London, UK
Paine, Sheila: *Embroidered Textiles.* Thames and Hudson 1990, London, UK
Picton, John: *The Art of African Textiles.* Barbican Art Gallery, Lund Humphries Publishers 1995, London, UK
The Native Americans, Salamander Books Ltd. 1991, Tiger Books int. London, UK

Bücher zur Nähtechnik

Fanning, Tobbie and Tony: *The Complete Book of Machine Quilting.* Chilton Book Company 1994, Pennsylvania, USA
Innes, Miranda: *Patchwork fra hele verden.* Ashehoug Fakta 1993, København, DK
Johannah, Barbara: *Half Square Triangles.* Published by Barbara Johannah 1987, California, USA
Noble, Maurine: *Machine Quilting Made Easy.* That Patchwork Place 1994, Bothell WA, USA
Walker, Michele: *Patchwork & Quiltning.* Aschehoug Dansk Forlag 1996, København, DK
Yde, Charlotte: *Grundbog i patchwork.* Aschehoug Dansk Forlag 1992, København, DK

Deutschsprachige Literatur

Einen guten Überblick über aktuelle Patchwork- und Quiltbücher vermittelt die regelmäßig erscheinende *Mitgliederzeitschrift der Patchwork Gilde Deutschland e.V.,* Kontaktadresse: Patchwork Gilde Deutschland, Zum Weißen Feld 1, 49179 Ostercappeln, Telefon (0 54 73) 81 25, Fax (0 54 73) 22 23

Veröffentlichungen der Patchwork Gilde

Christine Bell, Jutta Briehn, Doris van Kalker, Bernadette Mayr: *Quilters Wörterbuch. Fachwörterbuch für das Patchwork- und Quilt-Kunsthandwerk englisch/deutsch,* 3. Auflage, Hamburg 1993
Bonnie Leman und Louise 0. Townsend: *Wie man einen Quilt näht. 26 Lektionen für Anfängerinnen,* Hamburg 1993
„Tradition und Moderne I". Quilts 1992, Ausstellungskatalog, Hamburg
Tradition und Moderne II". Quilts 1994, Ausstellungskatalog, Hamburg
„Tradition und Moderne III". Quilts 1996, Ausstellungskatalog, Hamburg
Helga Weise: *Erkennungszeichen. Texte und Quilts,* Hamburg 1993
Patchwork Ziele. Adressensammlung von Patchworkgeschäften, Textilmuseen, Blaudruckereien, Stoff-Fabrikverkäufen in Deutschland. Jeweils aktueller Stand.